国家自然科学基金重点项目（批准号：71133003）

2007年中国地区扩展投入产出表：编制与应用

李善同 主 编
齐舒畅 何建武 副主编

中国财经出版传媒集团
经济科学出版社
Economic Science Press

图书在版编目（CIP）数据

2007年中国地区扩展投入产出表：编制与应用／李善同主编．—北京：经济科学出版社，2016.2（2016.11重印）

ISBN 978-7-5141-6688-0

Ⅰ.①2… Ⅱ.①李… Ⅲ.①投入产出分析-表格-编制-中国-2007 Ⅳ.①F223

中国版本图书馆 CIP 数据核字（2016）第053242号

责任编辑：王东萍
责任校对：杨晓莹
责任印制：李 鹏

2007年中国地区扩展投入产出表：编制与应用

李善同 主 编

齐舒畅 何建武 副主编

经济科学出版社出版、发行 新华书店经销

社址：北京市海淀区阜成路甲28号 邮编：100142

教材分社电话：010-88191344 发行部电话：010-88191522

网址：www.esp.com.cn

电子邮件：espbj3@esp.com.cn

天猫网店：经济科学出版社旗舰店

网址：http://jjkxcbs.tmall.com

北京密兴印刷有限公司印装

787×1092 16开 8.75印张 200000字

2016年3月第1版 2016年11月第2次印刷

ISBN 978-7-5141-6688-0 定价：22.00元

(图书出现印装问题，本社负责调换。电话：010-88191510)

(版权所有 侵权必究 举报电话：010-88191586

电子邮箱：dbts@esp.com.cn)

序　言

20世纪50年代左右，由诺贝尔奖获得者列昂惕夫（Wassily Leontief）所开拓的投入产出系统分析，已经成为经济分析模型的基础。例如，20世纪60年代挪威学者基于投入产出模型开发的全球第一个CGE模型，之后CGE开始得到越来越广泛的应用，但CGE模型始终离不开投入产出系统的基本分析。同时，投入产出表也是经济社会系统分析的重要科学基础。一个国家或地区，如果没有经过调查、统计、分析而建立起一个数据较为准确的投入产出表，学者们几乎不可能建立可靠的结构化的经济模型去预测和分析经济状况，并向决策者提出具有量化分析基础的政策建议。

为此，我十分高兴地看到李善同等所主编的《2007年中国地区扩展投入产出表：编制与应用》一书的出版。李善同同志曾是中日合作研究项目（1987~1995年）《中国经济区域间投入产出表》[①] 中第四章"利用地区间投入产出表分析地区之间的经济关联"一章的中方主要研究者和执笔者。多年来，她不仅积极参与投入产出领域的国际合作研究，也一直在组织编制国内地区投入产出表和开展相关应用研究。近三十余年来，在国家和各省（自治区，直辖市）统计局、部分高校和研究机构学者们的共同努力下，我国投入产出表的编制与应用工作得到了较为迅速的发展与改善。许宪春、李善同（2008）已经主编出版了《中国区域投入产出表的编制及分析》（1997年）和李善同等（2012）主编出版了《2002年中国地区扩展投入产出表：编制与应用》。本书在以前研究的基础上，结合当前中国经济社会发展突出问题深化扩展了相关应用研究，如中国省际贸易的演变和国内市场一体化的趋势分析等。

本书包括七章。第一章"国家和地区投入产出表的编制"简要地介绍了中国国家和地区编制投入产出表的历史，以及2007年投入产出表的编制情况、基本结构和编制流程。第二章描述了2007年中国地区扩展投入产出表的具体编制方法。该章首先对相关的编表方法进行梳理和综述，并对目前国内地区间/多区域投入产出表编制的现状进行概述；其次，详细介绍编表过程中采用的主要方法（包括引力模型、交叉熵模型）；再次，描述了编表所用的数据基础和编制步

[①] Shinich Ichimura, Huijiong Wang (Editor) (2003) Interregional Input-Output Analysis of the Chinese Economy.

骤；最后给出了编制完成的 2007 年中国多区域投入产出表，该表包含中国大陆除西藏之外 30 个省（市、区）和 42 个部门。

第三章内容是"中国省际贸易的演变趋势、特征与展望"。该章在对省际贸易的重要性及国内外学术界对中国省际贸易的研究作了简要综述与评论基础上，指出已有研究文献存在贸易数据时间跨度不长或覆盖面不全等问题。针对这一问题，作者首次利用中国 1987 年、1992 年、1997 年、2002 年和 2007 年五个年份 30 个省（市、自治区）的投入产出表和区域间贸易数据来分析中国省际贸易的变化趋势及特征。在分析的基础上，作者从贸易总量、贸易集中度、贸易依存度、省际贸易盈余情况以及贸易结构等方面总结了中国省际贸易变化的六大趋势和特征，并据此提出了大力发展省际贸易促进中国经济发展方式实现四方面的转变：从依赖低端要素向构建深化分工网络转变；从区域率先发展战略向区域协调发展战略转变；从外向型发展战略向内外双向循环型战略转变和从"市场换技术"战略向"市场和技术双重追赶"战略转变等。

第四章是"国内市场一体化研究"。该章借鉴了国际上基于引力方程研究边界效应的经验，并结合第二章所估计的省际双边贸易流量数据，通过模型估计了中国省际边界效应的变化。研究结果显示，1997~2007 年期间中国国内一体化程度有着较大的提高。

本书第五章对"出口对各省经济贡献的测算"做了十分有意义的探索。20 世纪 70 年代以后，国际发展经济学界推崇出口导向战略。中国自 20 世纪 70 年代末实行改革开放所获得的高速经济增长也证明了这点。但由于中国区域辽阔，各区域的状况存在很大的差异。由于省际贸易的存在，使得许多内陆省份不仅可以直接参与全球分工，还可以通过沿海省份间接参与全球分工。但是现有的贸易数据只能反映直接对外经济联系。该章作者尝试利用多区域投入产出表统一测算这两种联系。研究显示，部分内陆省份通过间接渠道对外贸易对经济的贡献反而超过直接渠道的贡献，同时也可以看到沿海省份的出口对国内其他省份经济的发展存在很强的溢出效应。

虽然本书只研究出口对经济发展的贡献，我本人特别提出需要关注的是，进口与出口一样与对一国的经济发展也具有促进作用。世界银行 2001 年出版的《东亚奇迹的再思考》（Rethinking the East Asian Miracle）书中刊有劳伦斯（Robert Z. Lawrence）与韦恩思坦（David E. Weinstein）所著《贸易与增长：进口导向或出口导向？》（Trade and Growth：Import-Led or Export-Led？）的论著，提出了"进口"较之中间产品对促进竞争更有作用。该观点业已被本书主编李善同结合中国的数据做出过实证研究。在本章开始提出了"李善同等（2010）的研究显示 2007 年出口对中国经济的贡献度达到 27.4%，进口的贡献度达到 14.6%"。希望读者们能注意贸易对促进经济发展全面性的论述。

第六章内容是"中国各地区生产性服务的水平、结构与影响"。在当前全国推行经济结构调整过程中，服务业的发展具有十分重要的意义。我国服务业在 2014 年的增加值为 306739 亿元，约合 49400 亿美元，占国内生产总值的 48.2%。虽然该一比重远低于发达国家的 60%~70%，但中国服务业增加值的绝对水平已经仅次于美国与欧盟，在全球位列第三。因此该章的研究，对促进我国经济结构调整与发展具有重要意义。服务业可分为生产性服务业与消费性服务业。该章研究的是生产性服务。作者在投入产出表和列昂惕夫逆矩阵系数的基础上定义了服务投入结构，服务投入率和产业关联度的影响力系数和感应系数等指标，并据此对各地区生产性服务的发展进行了比较研究。研究结果显示，近年来全国及各地区生产性服务占地区总产出比重和服务业总产出比重均有所下降；中西部地区生产性服务占地区总产出比重较其他地区更高及各地区整体服务的影响力系数和感应力系数均小于 1。据此作者认为，我国各地区经济增长仍然以实物要素投入为主，生产性服务对国民经济影响度不高，我国生产性服务有待进一步转型升级。

第七章是"中国省域碳足迹及碳转移"。碳足迹是一个新概念和新名词，在 20 世纪 90 年代国外出版的科学辞典或环境评估等书籍中，还找不到该名词的定义。该一名词来源于 20 世纪 90 年代所提出的生态足迹。由于温室气体排放所导致全球气候变化日益成为世界各国普遍关注的问题，随之也产生了与研究温室气体排放相关的新概念与衡量的新指标。碳足迹的历史性定义是指："企业机构、活动、产品或个人所形成温室气体排放的总集合。"由于需要大量数据，因此总的碳足迹很难测算。因此一批学者们诸如列特（Wright. L），凯帕（Kemp. S）和威廉（William）等在 2011 年的碳管理（Carbon Management）期刊上，提出了《碳足迹：趋向普遍接受的定义》一文，其中提出了更具实用性的定义：碳足迹是某一界限内的人口，系统或活动，考虑其与该界限内空间与时间边界内包括一切来源的二氧化碳与甲烷的排放，衰减与存储的总量。它的计算包括相关 100 年全球暖化潜势（GWP100）的二氧化碳当量（CO_2e）的计算。由此可见该章内容是具有前沿性的探索。该章采用了碳足迹计算四种通用方法中最可信的"全生命周期碳排放强度"和"多区域投入产出模型（MRIO）"的测算方法，重点研究了中国省域碳足迹和省际碳转移。研究发现，省际之间碳足迹差异巨大，如最高的山东省达 48275.73 万吨，是最低海南省的 29.7 倍。而且省际之间存在大量的碳转移，如 2007 年河北省碳流出量达到了 31115.31 万吨，占该省碳排放总量（不包含出口隐含碳）的 69.9%。基于这些结果，作者指出，中国人均碳足迹在地理空间上呈现由北向南、由东向西逐级递减的特征；碳足迹与经济发展呈正相关；总体上，靠近产业链下游部门其碳足迹高，而靠近产业链上游的部门，其碳足迹越低及投资所引发的碳转移远大于消费引发的碳转移。另外，作者还从碳排放配额分配以及减排机制等方面提出相应的政策建议。

综合本书以上七章的内容可见，本书极大地丰富了中国区域投入产出领域的研究。它不仅对中国省际贸易的特征、国内部市场的一体化的趋势、出口对各省经济的贡献等方面作了严格的定量分析并提出有价值的政策建议，还在处于较为前沿的生产性服务及中国省域碳足迹及碳转移等方面做了开拓性研究。鉴于此，我乐意为该书作此序言，并向读者们推荐该书。也希望本书的研究成果，能获得广泛推广与采用。

此外，我还想强调一点。从本书的出版及中国近年来本书的作者们及国内产、学、研其他方面在数量经济所获得的研究成果，我庆幸中国在数量经济领域与国外先进水平方面的差距正在不断缩小。数学模型的应用在国际事务中的重要性日益凸显，如国际上参加世界贸易组织（WTO）谈判及当前国际关注的气候变化等问题，都要应用数学模型进行分析。还比如国际能源机构提出：2035年中国二氧化碳排放量占全球比重将高达27.4%，高于经合组织的27.3%。而在450ppm情景下（全球温室气体中的二氧化碳当量长期浓度维持在450ppm）中国的二氧化碳排放量占全球比重需要下降至21.9%，明显低于经合组织比重的27.3%。这些预测都依赖于数学模型的应用。但数学模型获得正确结果的前提是有正确的统计数据输入。国际上，由于过去实行工业化而重视制造业的统计，但一定程度上忽视了服务业的统计。为了正视这一问题，美国在20世纪90年代就组织了加拿大、墨西哥等国将其标准产业分类（SIC）修订为北美产业分类系统（NAICS）。联合国的产业分类国际标准（ISIC）也在不断更新版本。希望这些数量经济的基础数据工作及数量经济工作的发展，能引起我国有关方面的重视，以使我国的数量经济学科的发展，与我国的经济实力的增长相适应，以跻身于世界前列。

王慧炯
2015年8月

目 录

第一章 国家和地区投入产出表的编制 ·· (1)
第一节 2007年投入产出表编制情况 ·· (1)
一、国家和地区投入产出表的基本结构 ······································ (1)
二、投入产出基本表的编制流程 ·· (4)
第二节 2007年投入产出表的新变化 ·· (6)
一、投入产出调查 ·· (6)
二、数据处理 ·· (7)

第二章 2007年中国地区扩展投入产出表的编制 ································ (8)
第一节 相关编制方法的文献综述及国内现状介绍 ······························ (8)
一、地区间/多区域投入产出表编制方法的综述 ································ (8)
二、国内编制的相关投入产出表的现状 ······································ (11)
第二节 本次编表采用的主要方法 ·· (11)
一、引力模型（Gravity Model） ·· (12)
二、交叉熵模型（Cross Entropy Model） ·································· (13)
第三节 本次编表的数据基础 ·· (14)
一、2007年各省投入产出表 ·· (14)
二、2007年海关进出口数据 ·· (15)
三、2007年省间八类商品的铁路运输数据 ·································· (15)
第四节 本次编表的具体步骤 ·· (15)
一、初步估计四列贸易数据 ·· (16)
二、平衡两列省际贸易数据 ·· (16)
三、估计八类商品的引力模型 ·· (49)
四、初步估计省际贸易流量 ·· (50)
五、估计最终省际贸易流量矩阵 ·· (51)
第五节 地区扩展投入产出表构建结果 ·· (52)

第三章　中国省际贸易的演变趋势、特征与展望 ……………………………（ 55 ）

第一节　指标定义与数据说明 …………………………………………（ 56 ）
一、指标定义 ……………………………………………………………（ 56 ）
二、数据说明 ……………………………………………………………（ 56 ）

第二节　中国省际贸易的变化趋势及特征 ……………………………（ 57 ）
一、中国省际贸易流量概述 ……………………………………………（ 57 ）
二、中国省际贸易集中度 ………………………………………………（ 58 ）
三、中国省际贸易依存度 ………………………………………………（ 59 ）
四、中国的省际贸易比重 ………………………………………………（ 60 ）
五、中国的省际贸易盈余 ………………………………………………（ 61 ）
六、中国省际贸易结构分析 ……………………………………………（ 61 ）

第三节　结论与展望 ……………………………………………………（ 66 ）

第四章　国内市场一体化研究 ……………………………………………（ 68 ）

第一节　模型 ……………………………………………………………（ 69 ）
第二节　数据 ……………………………………………………………（ 70 ）
第三节　实证结果 ………………………………………………………（ 74 ）
第四节　结论 ……………………………………………………………（ 77 ）

第五章　出口对各省经济贡献的测算 ……………………………………（ 80 ）

第一节　文献综述 ………………………………………………………（ 80 ）
第二节　多区域投入产出模型及数据来源 ……………………………（ 82 ）
一、多区域投入产出模型 ………………………………………………（ 82 ）
二、数据来源 ……………………………………………………………（ 85 ）
第三节　测算结果及其分析 ……………………………………………（ 86 ）
一、全国出口对各省份GDP的拉动作用分析 …………………………（ 86 ）
二、出口总体溢出效应分析 ……………………………………………（ 89 ）
三、省份间出口溢出效应分析 …………………………………………（ 93 ）
第四节　主要结论及政策启示 …………………………………………（ 94 ）

第六章　中国各地区生产性服务的水平、结构与影响 …………………（ 98 ）

第一节　文献综述 ………………………………………………………（ 98 ）
第二节　指标与数据 ……………………………………………………（ 99 ）
第三节　生产性服务水平与结构的地区比较 …………………………（100）
一、各地区生产性服务整体发展水平 …………………………………（100）

二、各地区生产性服务构成 …………………………………………（103）
　　三、各地区生产性服务投入结构比较 …………………………………（106）
　第四节　生产性服务对国民经济及三次产业影响的地区比较 ……………（107）
　　一、基于服务投入率的比较分析 ………………………………………（107）
　　二、基于生产性服务与国民经济产业关联的比较分析 ………………（110）
　第五节　结论及政策建议 ……………………………………………………（112）
　　一、结论 …………………………………………………………………（112）
　　二、政策建议 ……………………………………………………………（112）

第七章　中国省域碳足迹及碳转移 ………………………………………（114）

　第一节　研究方法及数据 ……………………………………………………（115）
　　一、研究方法 ……………………………………………………………（115）
　　二、数据来源及部门划分 ………………………………………………（116）
　第二节　研究结果分析 ………………………………………………………（118）
　　一、中国省域碳足迹 ……………………………………………………（118）
　　二、中国省际碳转移 ……………………………………………………（121）
　第三节　研究结论及政策建议 ………………………………………………（126）
　　一、研究结论 ……………………………………………………………（126）
　　二、政策建议 ……………………………………………………………（126）

后记 ……………………………………………………………………………（129）

第一章 国家和地区投入产出表的编制

投入产出核算是中国国民经济核算体系的重要组成部分，它以投入产出表的形式揭示国民经济各部门之间相互联系、依存和制约的情况。自1987年起，国家统计制度规定，每五年（逢二、七的年份）进行一次投入产出专项调查，并编制同年度投入产出表。各省、自治区和直辖市也在调查的基础上，同步编制本区域的投入产出表。1987年以后，国家统计局和各省、自治区和直辖市统计局又分别编制了1992年、1997年、2002年、2007年和2012年投入产出表。

第一节 2007年投入产出表编制情况

一、国家和地区投入产出表的基本结构

投入产出表以矩阵形式描述国民经济各部门在一定时期（通常为一年）生产活动的投入来源和产出使用去向。中国2007年投入产出表由三部分组成，称为第Ⅰ、Ⅱ、Ⅲ象限。

表1-1 投入产出表基本结构
（按当年生产者价格计算） 单位：万元

投入＼产出	中间使用			最终使用								进口	其他	总产出
	农业	…	公共管理和社会组织	中间使用合计	最终消费					资本形成总额		出口	最终使用合计		
					居民消费		政府消费	合计	固定资本形成总额	存货增加	合计				
					农村居民消费	城镇居民消费	小计								
中间投入：农业 … 公共管理和社会组织 中间投入合计	第Ⅰ象限				第Ⅱ象限										
增加值：劳动者报酬 生产税净额 固定资产折旧 营业盈余 增加值合计	第Ⅲ象限														
总投入															

（一）表式说明

1. 第Ⅰ象限

第Ⅰ象限是由名称相同、排列次序相同、数目一致的若干产品部门纵横交叉而成的中间产品矩阵，其主栏为中间投入，宾栏为中间使用。矩阵中的每个数字都具有双重意义：沿行方向看，反映某产品部门生产的货物或服务提供给各产品部门使用的价值量，被称为中间使用；沿列方向看，反映某产品部门在生产过程中消耗各产品部门生产的货物或服务的价值量，被称为中间投入。

第Ⅰ象限是投入产出表的核心，它充分揭示了国民经济各产品部门之间相互依存、相互制约的技术经济联系，反映了国民经济各部门之间相互依赖、相互提供劳动对象供生产和消耗的过程。

2. 第Ⅱ象限

第Ⅱ象限是第Ⅰ象限在水平方向上的延伸，主栏的部门分组与第Ⅰ象限相同；宾栏由最终消费、资本形成总额、出口等最终使用项目组成。沿行方向看，反映某产品部门生产的货物或服务用于各种最终使用的价值量；沿列方向看，反映各项最终使用的规模及其构成。

第Ⅰ象限和第Ⅱ象限连接组成的横表，反映国民经济各产品部门生产的货物或服务的使用去向，即各产品部门的中间使用和最终使用数量。

3. 第Ⅲ象限

第Ⅲ象限是第Ⅰ象限在垂直方向的延伸，主栏由劳动者报酬、生产税净额、固定资产折旧、营业盈余等各种增加值项目组成；宾栏的部门分组与第Ⅰ象限相同。第Ⅲ象限反映各产品部门的增加值及其构成情况。

第Ⅰ象限和第Ⅲ象限连接组成的竖表，反映国民经济各产品部门在生产经营过程中的各种投入来源及产品价值构成，即各产品部门总投入及其所包含的中间投入和增加值的数量。

投入产出表三大部分相互连接，从总量和结构上全面、系统地反映国民经济各部门从生产到最终使用这一完整的实物运动过程中的相互联系。投入产出表有以下几个基本平衡关系：

（1）行平衡关系

$$中间使用 + 最终使用 - 进口 + 其他 = 总产出$$

（2）列平衡关系

$$中间投入 + 增加值 = 总投入$$

（3）总量平衡关系

$$总投入 = 总产出$$
$$每个部门的总投入 = 该部门的总产出$$
$$中间投入合计 = 中间使用合计$$

(二) 主要指标解释

1. 宾栏指标

（1）总产出：指常住单位在一定时期内生产的所有货物和服务的价值。总产出按生产者价格计算，它反映常住单位生产活动的总规模。常住单位是指在我国的经济领土内具有经济利益中心的经济单位。

（2）中间使用：指常住单位在本期生产活动中消耗和使用的非固定资产货物和服务的价值，其中包括国内生产和国外进口的各类货物和服务的价值。

（3）最终使用：指已退出或暂时退出本期生产活动而为最终需求所提供的货物和服务。根据使用性质分为三部分：

① 最终消费支出：指常住单位在一定时期内为满足物质、文化和精神生活的需要，从本国经济领土和国外购买的货物和服务的支出。它不包括非常住单位在本经济领土内的消费支出。最终消费支出分为居民消费支出和政府消费支出。

——居民消费支出：指常住住户在一定时期内对于货物和服务的全部最终消费支出。它除了常住住户直接以货币形式购买货物和服务的消费支出外，还包括以其他方式获得的货物和服务的消费支出：单位以实物报酬及实物转移的形式提供给劳动者的货物和服务；住户生产并由本住户消费了的货物和服务，其中的服务仅指住户的自有住房服务；金融机构提供的金融媒介服务；保险公司提供的保险服务。居民消费支出划分为农村居民消费支出和城镇居民消费支出。

——政府消费支出：指政府部门为全社会提供的公共服务的消费支出和免费或以较低的价格向住户提供的货物和服务的净支出，前者等于政府服务的产出价值减去政府单位所获得的经营收入的价值，后者等于政府部门免费或以较低价格向住户提供的货物和服务的市场价值减去向住户收取的价值。

② 资本形成总额：指常住单位在一定时期内获得的固定资产减去处置的固定资产和存货的净额，包括固定资本形成总额和存货增加两部分。

——固定资本形成总额：指常住单位在一定时期内获得的固定资产减去处置的固定资产的价值总额。固定资产是通过生产活动生产出来的，且其使用年限在一年以上、单位价值在规定标准以上的资产，不包括自然资产。可分为有形固定资本形成总额和无形固定资本形成总额。有形固定资本形成总额包括一定时期内完成的建筑工程、安装工程和设备工器具购置（减处置）价值，商品房销售增值，以及土地改良、新增役、种、奶、毛、娱乐用牲畜和新增经济林木价值。无形固定资本形成总额包括矿藏勘探、计算机软件等获得（减处置）价值。

——存货增加：指常住单位在一定时期内存货实物量变动的市场价值，即期末价值减期初价值的差额，再扣除当期由于价格变动而产生的持有收益。存货增加可以是正值，也可以是负值，正值表示存货上升，负值表示存货下降。它包括购进的原材料、燃料和储备物资，以及产成品、在制品等存货。

③ 出口和进口：出口包括常住单位向非常住单位出售或无偿转让的各种货物和服务的价值；进口包括常住单位从非常住单位购买或无偿得到的各种货物和服务的价值。由于服务活动的提供与使用同时发生，因此服务的进出口业务并不发生出入境现象，一般把常住单位

从非常住单位得到的服务作为进口，非常住单位从常住单位得到的服务作为出口。

2. 主栏指标

（1）总投入：指一定时期内我国常住单位进行生产活动所投入的总费用，既包括新增加值，也包括被消耗的货物和服务价值以及固定资产转移价值。

（2）中间投入：指常住单位在生产或提供货物与服务过程中，消耗和使用的所有非固定资产货物和服务的价值。

（3）增加值：指常住单位生产过程创造的新增价值和固定资产转移价值。它包括劳动者报酬、生产税净额、固定资产折旧和营业盈余。

① 劳动者报酬：指劳动者因从事生产活动所获得的全部报酬。包括劳动者获得的各种形式的工资、奖金和津贴，既包括货币形式的，也包括实物形式的，还包括劳动者所享受的公费医疗和医药卫生费、上下班交通补贴、单位支付的社会保险费、住房公积金等。对于个体经济来说，其所有者所获得的劳动者报酬和经营利润不易区分，这两部分统一作为劳动者报酬处理。

② 生产税净额：指生产税减生产补贴后的差额。生产税指政府对生产单位从事生产、销售和经营活动以及因从事生产活动使用某些生产要素（如固定资产、土地、劳动力）所征收的各种税、附加费和规费。生产补贴与生产税相反，指政府对生产单位的单方面转移支付，因此视为负生产税，包括政策性亏损补贴、价格补贴等。

③ 固定资产折旧：指一定时期内为弥补固定资产损耗按照规定的固定资产折旧率提取的固定资产折旧，或按国民经济核算统一规定的折旧率虚拟计算的固定资产折旧。它反映了固定资产在当期生产中的转移价值。各类企业和企业化管理的事业单位的固定资产折旧是指实际计提的折旧费；不计提折旧的政府机关、非企业化管理的事业单位和居民住房的固定资产折旧是按照统一规定的折旧率和固定资产原值计算的虚拟折旧。原则上，固定资产折旧应按固定资产当期的重置价值计算，但是目前我国尚不具备对全社会固定资产进行重估价的基础，所以暂时只能采用上述办法。

④ 营业盈余：指常住单位创造的增加值扣除劳动者报酬、生产税净额、固定资产折旧后的余额。

地区投入产出表的结构与国家投入产出表大体上是一致的，但是在考虑到与区域外经济联系时，不仅有进口和出口，还有与国内其他区域的贸易联系，即流入和流出。由于区域流入流出资料的限制，只有少数省份能够把贸易流量分为进口、出口、流入和流出，大部分省是分为流入（含进口）和流出（含出口），还有少数省份只有净流出。

二、投入产出基本表的编制流程

中国 2007 年投入产出表编制基本流程如下：

（一）各产品部门总产出初步数据

各产品部门总产出（总投入）可通过编制全社会产出表取得。根据各部门总产出计算和处理方法不同，分为工业部门和其他部门两部分。

1. 工业部门

根据工业统计状况，将工业生产活动分为规模以上大中型工业、规模以上小型工业和规模以下工业三部分分别计算。

（1）规模以上大中型工业：2007年规模以上大中型工业产出表根据现行工业统计制度中《工业产销总值及主要产品产量》（B201表）（《大中型工业企业总产值调查表》）有关数据按投入产出部门汇总计算。

（2）规模以上小型工业：考虑小型工业企业生产活动比较单一，将行业总产值视同为产品部门总产出。2007年规模以上小型工业产出表，就是将规模以上小型工业企业分行业总产值按照投入产出部门进行合并，并按顺序对角化得到。

（3）规模以下工业：在"纯"部门假设条件下，2007年规模以下工业产出表根据当年规模以下工业抽样调查分行业大类总产值、规模以上小型工业分投入产出部门的总产值结构分解并按顺序对角化得到。

将规模以上大中型工业、规模以上小型工业和规模以下工业三张产出表汇总得到全社会工业产出表。由于现行工业总产值不含销项税，根据增值税率将其调整为含销项税的工业总产值，得到符合投入产出核算口径的工业各产品部门总产出。

2. 其他部门

在全社会产出表中，除工业部门以外，其他产业部门的总产出视同为产品部门产出，数据集中在产出表的主对角线上，也就是说各产业部门总产出等于产品部门总产出，所以在编制产出表时，只要计算出这些部门的产业部门总产出，就等于得到了产品部门总产出。计算这些产业部门总产出所需资料包括统计系统（国家统计系统和部委统计系统）统计资料、行政管理资料（如财政决算资料）和会计决算资料（如银行、保险、运输等活动）。由于这些部门活动性质不同，所以总产出的计算方法也不相同，有的按营业收入（或销售收入）计算，有的按经常性业务支出加固定资产折旧计算。将这些产业部门总产出按顺序对角化就得到工业以外部门的产出表。

3. 计算含销项税的全社会总产出

根据增加值销项税税率，放大有关产品部门总产出，得到含销项税的全社会产出表，汇总得到各产品部门的生产者价格总产出。

（二）按购买者价格计算中间投入构成

中间投入构成是投入产出表的核心部分。这部分资料主要是通过投入产出重点调查取得具有代表性的中间投入结构，结合总量指标推算。要获得中间投入构成，需要对投入产出各产品部门成本和费用构成表进行调整，即将成本费用指标转化为投入产出部门指标。此外，各工业产品部门还需要将消耗数据调整为含增值税口径。

（三）增加值及其构成

根据现行国内生产总值核算分类，农林牧渔业、工业、建筑业、交通运输仓储和邮政业、批发和零售业以及其他部门的增加值，有的可以直接取自现行的国内生产总值核算资料，有的需要根据相关资料（如年报统计资料、财政决算和会计决算）进行计算，并与现行的国内生产总值核算资料进行衔接，得到满足投入产出部门分类要求的产品部门增加值。

增加值构成的编制方法有两种：一是根据有关统计、会计、业务核算资料，采用收入法计算；二是利用投入产出重点调查取得的增加值结构，结合总量指标推算。

（四）最终使用及其构成

最终使用总量数据取自按支出法计算的国内生产总值核算资料，包括农村居民消费、城镇居民消费、政府消费、固定资本形成总额、存货增加、出口、进口和其他八项，部分项目需要进行适当调整，如在出口和进口数据上分别加上我国运输企业为进出口商品提供的运输服务价值、进口关税和进口产品消费税，并调整来料加工装配进口和出口。

上述各最终使用项的构成主要利用农村住户调查、城市住户调查、财政决算、预算外支出、固定资产投资构成专项调查、海关统计、国际收支统计、有关部门的财务、统计和业务等资料计算。

（五）数据平衡与修订

在得到按购买者价格计算的中间投入构成、增加值构成、最终使用构成和总产出初步数据后，对根据不同资料来源计算的上述指标进行平衡和修订。平衡修订工作分为以下三个步骤：首先从最终使用项出发，研究各项构成是否合理，对不合理的数据进行修订；其次是研究中间投入构成中主要消耗是否合理，对不合理的数据进行修订；最后在达到基本平衡的基础上进行数学平衡。

（六）扣除流通费用，编制生产者价格投入产出表

编制投入产出表所需资料大部分来自使用部门，其核算价格为购买者价格。为了编制生产者价格投入产出表，需要编制流通费用矩阵，将其从购买者价格投入产出表中扣除，得到生产者价格投入产出表。

第二节 2007年投入产出表的新变化

一、投入产出调查

2007年的投入产出调查，更加注重和部委的合作。国家统计局联合了铁道部和国家邮政局分别开展铁路运输和邮政服务的投入产出调查，为获得更加翔实可靠的数据打下了良好的基础。

在工业调查中，国家统计局在2007年首次开展了工业成本费用调查，有更多的工业企业参与填报成本和费用的情况。投入产出表编制时，结合投入产出调查中的工业企业制造成本调查（主要是详细的原材料和外购半成品、燃料动力和包装物等信息），来得到工业生产的消耗结构。

2007年的投入产出调查，为更多了解各省的流入流出情况，对于规模以上的工业企业，引入了"工业企业购进材料来源"和"工业企业产品初次去向"调查表。为编制各省的流入流出提供更多的信息。

二、数据处理

数据处理上有一个重大变化,就是关于进出口的认定。在编制 2007 年投入产出表时,2008 年 SNA（2008 年国民账户体系）已基本修订完成。考虑到中国的实际和国际标准的推荐,在编制进出口时,采用了 2008 年 SNA 经济所有权的概念来处理中国发生的来料加工贸易。因此,2007 年全国投入产出表上的进出口数据在口径上和以往是有差异的:

投入产出表上的出口数据 = 海关全部贸易方式的出口数据 – 来料加工出口数据
+ 来料加工的加工费调整

投入产出表上的进口数据 = 海关全部贸易方式的进口数据 – 来料加工进口数据

但是,由于资料的限制,各省的投入产出表没有进行相应的调整。

第二章 2007年中国地区扩展投入产出表的编制

编制省级层面的扩展投入产出表能够为研究中国经济发展问题提供丰富的数据基础,也为相关政策分析提供了定量分析的工具。到目前为止,我们已编制完成1997年(8个区域及30个省、自治区、直辖市)、2002年(30个省、自治区、直辖市)、2007年(30个省、自治区、直辖市)的中国地区扩展投入产出表,并于2007年、2010年相继出版了《中国区域投入产出表的编制及分析(1997年)》及《2002年中国地区扩展投入产出表编制与应用》。

为尽量确保所编制的投入产出表数据的可靠性,并且不同年份之间具有可比性,在我们的编表过程中,遵循以下两个基本原则:

一是尽可能地利用具有准确来源的信息:(1)尽可能少地调整原始地区投入产出表,即保持官方原始投入产出表第Ⅰ、Ⅲ象限(即中间使用矩阵、增加值矩阵)的数据不变,只调整第Ⅱ象限(最终使用及调入)的数据;(2)利用海关和铁路部门数据估计地区国内和国际贸易;(3)在平衡投入产出表时选择交叉熵方法,使得平衡后的数据与平衡前的数据偏离最少。

二是在编制各个年份的地区扩展投入产出表时,保持编制方法的一致。

本章主要描述2007年中国地区扩展投入产出表的编制方法。为了使读者更好地理解我们编表过程采用的方法,本章首先对相关的编表方法进行梳理和综述,同时也对目前国内地区间/多区域投入产出表编制的现状进行概述。

第一节 相关编制方法的文献综述及国内现状介绍

一、地区间/多区域投入产出表编制方法的综述

区域间贸易关系是一国内部不同区域投入产出表联系的纽带。编制区域扩展投入产出表的最重要工作就是估计各产品在区域间的贸易关系。由于缺乏直接的统计数据,一国内部区域间完整的贸易数据往往只能通过估计获取。区域间贸易流量的估计分为直接估计法和间接估计法。直接估计法基于大量的调查数据,可靠性高但需要花费大量的人力、物力,皮尔·吉纳尤克斯和朗根(Pierre A. Généreux and Brent Langen, 2002)曾经采用调查方法得到加拿大区域间贸易数据。间接估计法则是根据可得到的相关数据,采用一些估计方法进行推算,例如,卡尔洛斯·拉诺·为杜拉斯(Carlos Llano Verduras)采用交通运输流量法来估计西班牙区域间贸易流量。具体来讲,由于采用的基础数据和模型不同,因而产生不同的区域间贸易流量的间接估计方法,如Isard模型、行系数模型、列系数模型(Chenery-Moses model)、Leonteif模型、Pool-Approach模型和引力模型(Gravity Model)。

Isard（1951）首先建立了区域间非竞争输入型投入产出模型，称为 IRIO 模型，又称为 Isard 模型。该模型的基本形式要求把所有产业按区域进行划分，将每一个区域的每一个部门的投入、产出结构都分别进行研制。该模型的方法比较简单，但是对基础数据的需求量非常大，因而编制比较困难。之后，许多学者又提出了各种简化的需要较少数据的多区域投入产出模型。其中，影响较大、精度也较高的是钱纳里（Chenery, 1953）和莫瑟（Moses, 1955）先后独立提出的列模型，又称为 Chenery-Moses 模型。该模型的特点是，把一个地区对某种产品的消耗量按照各个地区（包括本地区）向该地区所供应的该种产品的百分比进行拆分，以此作为编制模型的出发点。行系数模型和列系数模型有很多相似之处，前者被认为是后者的反像。不同之处在于，列系数模型是把一个地区对某种产品的需求量由各个地区（包括本地区）供应的百分比固定下来，而行系数模型则是把一个地区生产的某种产品向各个地区的分配比例固定下来。

Leontief 模型由美国经济学家里昂惕夫（Leontief）提出，对模型的测算做了具有独到见解的简化假设。模型中假设各个地区所有生产部门都分为两大类，第一类为地区性部门，这些部门的产品只在地区内部进行流通和消费，因而只要求在本地区范围内达到供求平衡；第二类为全国性部门，其产品在全国范围内进行流通，满足其他地区需要，包括出口，因而要求在全国范围内保持供求平衡。其次，假设不同地区的直接消耗系数矩阵都是相同的，因此，一般都统一采用国家投入产出表的直接消耗系数矩阵，这一点极大地方便了模型的测算工作，但同时也使模型的结果与实际情况偏离较大。

Pool-Approach 模型，是由里昂惕夫和斯特劳特（Strout）于 1963 年提出的。该模型的核心思想是：对某一地区的使用者来说，其所消耗的货物来自何处并不重要，可以看作是从其所在地区的需求订货和取货，同时假设每个地区内某一种货物或者服务的生产者把他们的产出统统汇集在一个单一的地区供给池内。因此在一个多地区经济中，某种货物或服务的所有地区间流动均可以看作是该种货物的地区供给池向地区需求池的供货。

引力模型是区域间投入产出模型中非常重要也是应用最为广泛的模型。最早将引力模型应用到国际贸易领域的是 Tinbergen（1962）和 Poyhnen（1963），该模型来源于物理世界中的万有引力，认为两个星体之间的引力与这两个星体的质量成正比，与它们之间的距离成反比。借用万有引力理论，假设两个地区的贸易与两个地区的经济规模和距离有关，即两个地区的经济规模越大，贸易量可能越大，而距离越远则贸易量越小，这个假设就是区域间贸易的引力模型。通常引力模型的基本形式如下：

$$x_i^{gh} = \frac{x_i^{gO} x_i^{Oh}}{x_i^{OO}} q_i^{gh} \quad (i = 1, 2, \cdots, m; g, h = 1, 2, \cdots, n; q_i^{gg} = 0) \quad (2.1)$$

式中，

x_i^{gh}——从地区 g 向地区 h 的产品 i 的出口/调出量；

x_i^{Oh}——地区 h 对产品 i 的需求量；

x_i^{gO}——地区 g 对产品 i 的供给量；

x_i^{OO}——所有地区的产品 i 在国内市场上的总供给（或总需求）；

q_i^{gh}——贸易系数或摩擦系数。

由上式可见，利用引力模型估计区域间各部门产品的贸易量只需要各区域分部门的总供给、总需求数据及贸易系数/摩擦系数，这给引力模型带来了较大的便利。

对于引力模型中的关键参数贸易系数/摩擦系数 q_i^{gh} 的估算，里昂惕夫和斯特劳特提出了在不同的基础数据条件下相应的方法。如果可以获得较为完整的基年统计资料，既包括区域的产出和投入，又包括区域间流量，则直接利用上面方程计算出贸易系数，然后假定基年到计划年的贸易系数不变，即可直接用于计算计划年的流量矩阵。这种方法称为"单一点估计"。反之，则需要根据基年的区域总投入和总产出来间接估算贸易系数。井原（1979，1996）引入了运输量分布系数来推算不同商品的贸易系数。该方法假定从某一区域向其他区域的物资输送量的分配比例与物资中重要产品的分配比例存在近似性，因而该重要产品的分布系数可以作为区域间产品流动的贸易系数 q_i^{gh}。Meng（2005）在"经济人假设"的基础上，结合 Chenery-Moses 模型和 Amington 假设，通过利润最大化或成本最小化推算区域间贸易系数。1989 年，布罗克纳（Brocker）指出所有形式的引力模型都可以用区域间贸易的空间价格均衡来简化，利用改进的 Samuelson 空间价格均衡模型（1952）来实现，并提出了研究区域间贸易流量的空间相互作用矩阵。

尽管学者们对于贸易系数提出了不同的估计方法，但总结来看目前使用最多的还是将其作为地区间距离的函数予以估计，即利用距离的幂函数来估计贸易系数。布拉克（Black，1971，1972）利用 1967 年美国 24 个主要运输集团的数据分析了引力模型中的距离参数的幂指数，得出以下结论：（1）市场份额越大的生产商或者供货商总运输量比例越大，幂指数越低；（2）某地区的流量占全国总流量的比例越高，幂指数越高。在具体的估计过程中，不同的研究对地区间距离的定义往往不同，大致可以分为两类：一类是简单地按两地物理距离（球面距离）测算；另一类是测算两地之间的经济距离，即综合考虑两地之间交通的便捷性以及运输成本等经济因素。表 2 – 1 列出部分研究中引力模型涉及的两地距离的测算方法。

表 2 – 1　　　　　　　关于引力模型两地距离测算方法综述

相关研究	引力模型	距离测算方法
李善同等（2010）2002 年中国地区扩展投入产出表：编制与应用	$x_i^{gh} = e^{\alpha}(x_i^{go})^{\beta_1}(x_i^{oh})^{\beta_2}\dfrac{(G^g)^{\beta_3}(G^h)^{\beta_4}}{(d^{gh})^{\beta_5}}$	各省份省会城市之间的距离为铁路网上的全国铁路主要站间货运里程。
张亚雄等（2012）2002 年、2007 年中国区域间投入产出表	$T_i^{rs} = A_i^r B_i^s X_i^{ro} X_i^{os} f(^k D_i^{rs})$	认为比较理想的空间经济距离变量应该是不同省份之间最短的货运时间。在实际计算中，采用各省省会城市间最短的铁路客运时间（剔除动车和直达客车）作为替代，并假设公路和水路的空间经济距离与此相等。
刘卫东等（2012）中国 2007 年 30 省区市区域间投入产出表编制理论与实践	$y_i^{gh} = e^{\beta_0}\dfrac{(x_i^{go})^{\beta_1}(x_i^{oh})^{\beta_2}}{(d^{gh})^{\beta_3}}$	在两省省会城市距离的基础上引入空间相互依赖因素来估计模型参数。

续表

相关研究	引力模型	距离测算方法
石敏俊等（2012）中国省区间投入产出模型与区际经济联系	$t_i^{RS} = \dfrac{x_i^R d_i^S}{\sum R_i^R} Q_i^{RS}$	对于不同部门，区间的产品交流量随距离的衰减速率差异很大，据此来构建并推算衰减曲线，从而调整和确定物流矩阵。

注：国外学者在编制区域投入产出表时也不断对引力模型中距离的测算方法进行探索。例如，Stefano Casini Benvenuti 和 Renato Paniccià（2003）在"A Multi-Regional Input-Output Model for Italy"一文中指出在估算引力模型的衰减函数时应首先考虑距离因素，认为地区（region）由不同的区域单元（按欧盟统一规定的 NUTS – 3）构成，因此两个地区之间的距离等于两地区包含的所有区域单元之间（不包括同一地区内的区域单元）的距离的平均数。Luca Cheruini 和 Renato Paniccià（2011）在"A Multiregional Structural Analysis of a Dualistic Economy：The Italian Regions over a Decade（1995 – 2006）"一文中指出在估算引力模型的衰减函数时，需要首先考虑的因素应该是距离，而距离主要依赖于地区间交通网络的连接和扩展状况，因此采用两地区间公路运输的时间作为测算依据。

二、国内编制的相关投入产出表的现状

有关我国区域间投入产出表编制的研究始于二十多年前。1990 年，在联合国区域发展中心（UNCRD）的资助下，由市村真一和王慧炯教授负责，国家统计局、国务院发展研究中心和清华大学联合研制了 1987 年中国经济 7 区域、9 部门的区域间投入产出表（Ichimura and Wang，2003）。到目前为止，国内已经有多个不同的研究团队编制和研究中国国内的地区间或多区域投入产出表，具体编制的投入产出表参见表 2 – 2。

表 2 – 2　　　　　　　　中国区域间投入产出表编制现状

研究团队	区域、部门及时间跨度	首次发表时间
国务院发展研究中心等	1987 年—7 区域—9 部门 1997 年—30 省份—33 部门 2002 年—30 省份—33 部门 2007 年—30 省份—33 部门	2003 年
国家信息中心	1997 年—8 区域—30 部门 2002 年—8 区域—17 部门 2007 年—8 区域—17 部门	2005 年
中科院虚拟经济与数据科学研究中心	2002 年—30 省份—60 部门	2012 年
中科院区域可持续发展分析与模拟重点实验室	2007 年—30 省份—30 部门 2010 年—30 省份—30 部门	2012 年

注：按照首次发表时间排序。
注意，这里列示的研究团队往往都包含了多家机构，为了区分只列举各团队中部分机构。尤其需要强调的是，几乎所有版本的地区间或多区域投入产出表都有国家统计局参与。

第二节　本次编表采用的主要方法

为构建地区扩展投入产出表，我们需要得到的是各个部门在 30 个区域之间的贸易流

量矩阵,即部门 i 在地区 g 和地区 h 之间的贸易量。由于没有省际贸易的统计数据,因此本研究采用间接估计法来得出区域间贸易流量。Isard 模型不仅需要知道一个部门的产品在全国各个地区之间的贸易情况,而且需要知道在各个地区不同部门之间的贸易情况,即 x_{ij}^{gh}。这个模型需要庞大的原始数据作基础,然而我国的统计数据不够完善,无法利用 Isard 模型估计出我国省际贸易流量。行系数模型和列系数模型需要知道分配系数(地区 g 的产品 i 运往地区 h 的数量占地区 g 的产品 i 运往全国所有地区的数量之和的比重)和需求系数(表示地区 g 产品 i 运往地区 h 的数量占全国所有地区产品 i 运往地区 h 的数量之和的比重),我们根据现有资料无法得到这两个系数。区位商方法所需要的数据最少,只要知道各个区域的总产出和国家表的投入系数矩阵就可以计算,所以有关它的计算结果的精确性争议很大。Leontief 模型假设有较明显的计划成分,需要规定全国性部门产品在各个地区的产出比例;同时模型中假设任意一种产品在不同地区的直接消耗系数都是一致的,这与实际情况相差较大。Pool-Approach 模型只能得到某一地区与其他所有地区之间的贸易联系,但难以明确某两个区域间的贸易联系。相对于其他的方法,引力模型对数据的需求量较小,且很多数据利用现有的地区投入产出就可以获取,同时还可以得到区域间明确的贸易联系,可以说引力模型是很好地将典型调查法和非调查法相结合的一种估算方法,因此本研究在估计省际贸易的过程中采用这一方法。

利用引力方程得到的贸易矩阵只是初始矩阵,只完成了第一步。我们要根据投入产出表的行和列对估算结果进行调整。为使得省际贸易流量满足某种商品在一个地区的流出量总和等于该商品在这个地区的总调出,且某种商品在一个地区的流入量总和等于该商品在这个地区的总调入,我们利用交叉熵模型(Cross Entropy Model)进行调整得到最终贸易矩阵。

一、引力模型(Gravity Model)

在前面介绍的引力模型基本形式的基础上,本研究尝试构建以下形式的引力模型:

$$\bar{f}_{s,r}^{k} = e^{\alpha} (SP_s^k)^{\beta_1} (DM_r^k)^{\beta_2} \frac{(GS_s)^{\beta_3} (GS_r)^{\beta_4}}{(d_{s,r})^{\beta_5}} \tag{2.2}$$

模型中,

$\bar{f}_{s,r}^{k}$——地区 s 流向地区 r 的 k 部门产品量的初始值;

SP_s^k——地区 s 部门 k 产品对国内市场的总供给;

DM_r^k——地区 r 部门 k 产品对国内市场的总需求;

GS_s,GS_r——地区 s 和地区 r 的 GDP 占全国 GDP 的比重;

$d_{s,r}$——地区 s 到地区 r 的距离。

该模型的建立可以很好地分析距离等因素对区域间贸易流量的影响,通过计量回归分析可得出 α,β_1,β_2,β_3,β_4,β_5 的估计值,进而推算出 30 个区域贸易流量的初始矩阵。

二、交叉熵模型（Cross Entropy Model）

在编表过程中，往往会出现资料不全，或数据之间存在冲突的情况。这时就需要对现有的数据进行处理重新估计得到完整匹配的数据。交叉熵方法就是用来解决这一问题的，即最大化地利用现有的信息估计符合要求的信息。

谢农（Shannon，1948）创建信息论时提出了交叉熵法的概念，希尔（Theil，1967）把这一方法应用到经济学中。考虑一组事件 E_1，E_2，…，E_n，发生的概率分别为 q_1，q_2，…，q_n（先验概率）。现在有额外的讯息（message）可以获得，这意味着先验概率需要调整为待求概率 p_1，p_2，…，p_n。根据谢农的理论，接收到讯息的信息（information）等于 $-\ln p_i$。然而每个事件 E_i 有自己的待求概率 p_i，来自 q_i 的"额外"信息由下式给定：

$$-\ln \frac{p_i}{q_i} = -(\ln p_i - \ln q_i) \tag{2.3}$$

利用单个信息价值的期望，我们可以得出一条讯息信息价值的期望值为：

$$-I(p:q) = -\sum_{i=1}^{n} p_i \ln \frac{p_i}{q_i} \tag{2.4}$$

$I(p:q)$ 为库尔巴克和雷伯勒（Kullback-Leibler，1951）所定义的对两种概率分配之间的叉熵距离。交叉熵法的目标函数是为了利用所有可得的信息来使叉熵距离最小化，并且与先验概率保持一致。

戈兰、尤吉和罗宾森（Golan，Judge and Robinson，1994）利用交叉熵法来调整投入产出表的系数。设初始系数矩阵为 $\bar{A}$，调整后的系数矩阵为 A，可以解下面的最优化问题，使得这两个矩阵之间的叉熵距离最小。

$$\min\left(\sum_i \sum_j A_{ij} \ln \frac{A_{ij}}{\bar{A}_{ij}}\right) \tag{2.5}$$

$$\text{Subject to} \quad \sum_j A_{ij} y_j^* = y_i^*$$

$$\sum_j A_{j,i} = 1$$

$$0 \leqslant A_{j,i} \leqslant 1$$

y_j^* 为新信息行和或列和。

可以引入拉格朗日乘数来求解：

$$A_{ij} = \frac{\bar{A}_{ij} \exp(\lambda_i, y_j^*)}{\sum_{i,j} \bar{A}_{ij} \exp(\lambda_i, y_j^*)} \tag{2.6}$$

λ_i 是与行和、列和相关的信息的拉格朗日乘数，分母是归一化因数，使得 A 矩阵的和始终保持为 1。

本研究多次用到交叉熵模型，模型的具体构建见下文，此处不再赘述。

第三节 本次编表的数据基础

一、2007 年各省投入产出表

中国 2007 年各省投入产出表是构建中国地区扩展投入产出模型的数据基础。目前中国大陆除西藏外的 30 个省、自治区、直辖市都编制了包含 42 个部门的投入产出表。按照四列贸易数据（出口、省际调出、进口及省际调入）完整程度的不同，可以将 2007 年中国各省投入产出表分为两类：一类具有完整的四列贸易数据，共 19 省、自治区、直辖市，包括北京、天津、河北、辽宁、上海、江苏、浙江、安徽、福建、山东、广东、广西、海南、重庆、云南、甘肃、宁夏、新疆、青海等，从这类投入产出表中，我们可直接得到各省区各部门的省际调入、调出总量数据（如表 2-4 所示）。

另一类只具有总调入（含进口）和总调出（含出口）两列贸易数据，包括山西、内蒙古、吉林、黑龙江、江西、河南、湖北、湖南、四川、贵州、陕西 11 个省区，对于这类投入产出表，我们需要利用海关进出口数据估算出其四列贸易数据（如表 2-5 所示）。

表 2-3　　　　　2007 年各省原始投入产出表贸易数据情况

有完整的四列贸易数据	只有总调出（含出口）和总调入（含进口）两列
19 省区：北京、天津、河北、辽宁、上海、江苏、浙江、安徽、福建、山东、广东、广西、海南、重庆、云南、甘肃、宁夏、青海、新疆	11 省区：山西、内蒙古、吉林、黑龙江、江西、河南、湖北、湖南、四川、贵州、陕西

资料来源：国家统计局。

表 2-4　　　　　具有完整四列贸易数据的投入产出表表式

	农业	煤炭采选	……	公共管理	消费和固定资本形成	省际调出	出口	省际调入	进口	误差项	合计
农业											
煤炭采选业											
……											
公共管理											
中间投入合计											
劳动者报酬											
固定资本折旧											
生产税净值											
营业盈余											
增加值合计											
合计											

表 2-5　　　　　　　　仅含总调入及总调出的投入产出表表式

	农业	煤炭采选	……	公共管理	消费和固定资本形成	总调出	总调入	误差项	合计
农业									
煤炭采选业									
……									
公共管理									
中间投入合计									
劳动者报酬									
固定资本折旧									
生产税净值									
营业盈余									
增加值合计									
合计									

二、2007 年海关进出口数据

本文所采用的 2007 年海关进出口数据为海关 8 位码（即 HS8 位码）进出口商品的价值量数据，共包含山西、内蒙古、吉林、黑龙江、江西、河南、湖北、湖南、四川、贵州、陕西 11 个省区，即上述四列贸易数据不完整的 11 个省区。通过将海关 8 位码与投入产出表的 42 个部门相匹配，能够得到 11 个省区的分部门进出口数据。这一数据是完善投入产出表四列贸易数据的依据。

三、2007 年省间八类商品的铁路运输数据

本文利用粮食、煤、石油、金属矿石、非金属矿石、焦炭、矿物性建筑材料、钢铁及有色金属八类商品的铁路运输数据估计引力方程，作为估计省际贸易流量矩阵的依据。该数据来源为《2007 年全国铁路统计资料汇编》[①]。

第四节　本次编表的具体步骤

简而言之，本次中国地区间扩展投入产出表编制的基本思路为：以国家统计局编制的 2007 年各省单区域投入产出表为基础，利用 2007 年的海关进出口数据完善各省的国际贸易和省际贸易数据，在此基础上结合铁路货运数据估计省际贸易流量矩阵，最终构建 2007 年中国地区扩展投入产出表。

---

① 铁道部统计中心，2007 年全国铁路统计资料汇编［M］. 北京：铁道部统计中心，2008。

一、初步估计四列贸易数据

如前所述，由于部分中国原始省域投入产出表中的四列贸易数据并不完整，我们首先需要估计出完整的四列贸易数据，作为估计省际贸易流量矩阵的基础。对于已有完整四列贸易数据的 19 个省份，我们能够直接从表中得到各部门省际调入、省际调出总量；而对于只有总调入、总调出数据的 11 个省份，我们需利用海关进出口数据估算四列贸易数据。

我们将海关进出口商品与投入产出表部门加以对照，得出 30 个省份按照投入产出表部门统计的进出口数据。投入产出表中进出口数据是按照货源地/目的地来计算的，而海关数据是按照经营地统计的。为统一两者的口径，这里通过 2008 年《中国统计年鉴》（2007 年数据）查出 30 个省份的货源地/目的地进出口数据（仅所有部门总和数据），按照前述利用海关数据得到的部门进出口结构进行分解。如此可得 2007 年中国各省货源地/目的地商品进出口数据。在此基础上，将进口、出口分别从总调入、总调出中扣除即可得四列贸易数据的初步估计结果。即：

$$省际调入 = 总调入 - 进口，省际调出 = 总调出 - 出口$$

二、平衡两列省际贸易数据

初步估计的贸易数据存在一些问题：一是由于各省分别进行估算，全国省际调入的累加值与省际调出的累加值不相等，但从理论上讲，两者应该相等；二是在上述估算工作之后，部分省际贸易数据出现了负值。

为了解决这些问题，需要对初步估计结果做进一步调整。我们调整的原则是尽量保留各省原始投入产出表中的信息，因此保持原始投入产出表第 I、III 象限（即中间流量矩阵、增加值矩阵）的数据不变，采用最小交叉熵模型调整第 II 象限（最终使用及调入）的数据，该模型能够最大化地保持原始信息。另外，正如在介绍交叉熵方法时提到的，采用这一方法时需要尽可能地利用现有的信息。对于第 II 象限的数据而言，除了各省投入产出表外，统计年鉴还公布各省支出法 GDP 数据，而且通常认为这些统计数据相对于投入产出表数据而言可信度更高[①]，因此这些数据也是我们调整的重要依据。遗憾的是年鉴中没有各省分部门的支出法 GDP 数据，因此我们将调整平衡过程分成两步：第一步，利用各省支出法 GDP 数据信息调整投入产出表第 II 象限数据，确保省际贸易总量的平衡，即各省的总调出之和等于各省总调入之和；第二步，在前面总量平衡的基础上进行分部门的平衡，即通过调整确保每一个部门各省的调出之和等于各省调入之和。

另外，平衡过程中为了简化处理，在运用最小交叉熵模型进行调整时，首先将"消费"和"资本形成"各自分项内容（即"消费"包含"农村居民消费"、"城镇居民消费"与"政府消费"三个分项；"资本形成"包含"固定资本形成"与"存货变动"两个分项）汇总作为两列加入模型进行调整，平衡之后再利用原始投入产出表中这两项中各分项的比例对

---

① 需要指出的是，通常投入产出表的第 II 象限的数据与国民核算中支出法 GDP 数据存在细微的口径差异。

调整后的"消费"和"资本形成"加以分解。

(一) 平衡省际调入调出总量

这一步平衡调整的目标是使全国各省省际调入、省际调出总量(不分部门)相等,模型所包含的调整项包括消费、资本形成、省际调出及省际调入四项。模型构建如下:

$$\min(\sum_i \sum_j a_{i,j}(\ln a_{i,j} - \ln \bar{a}_{i,j})) \quad (2.7)$$

$$\text{Subject to} \quad A \cdot Q_{ctrl}^T = G - E + M$$

$$\sum_i a_{i,j} = 1$$

$$0 \leq a_{i,j} \leq 1$$

其中,$a_{i,j} = q_{i,j}/\sum_i q_{i,j}$,$\bar{a}_{i,j} = \bar{q}_{i,j}/\sum_i \bar{q}_{i,j}$,$\bar{a}_{i,j}$、$\bar{q}_{i,j}$分别为$a_{i,j}$、$q_{i,j}$的初始值,其中,$\bar{q}_{i,j}$表示区域$i$的项目$j$的初始值,其具体含义如表2-6所示;$Q_{ctrl}$是各项目的列和控制数行向量,其元素的含义也如表2-6所示,计算方法将在后文予以阐述;G为行控制数,其值为官方原始IO表中的"最终使用"扣除"进口"及"省际调入"后的量;E、M分别为出口和进口列向量。

表2-6　　　　　　　　　模型(2.7)中变量的含义

	消费	资本形成	省际调出	省际调入(-)
	$\bar{q}_{1,1}$		…	$\bar{q}_{1,4}$
	⋮		⋱	⋮
	$\bar{q}_{30,1}$		…	$\bar{q}_{30,4}$
Q_{ctrl}	qc_1	qc_2	qc_3	qc_4

根据平衡调整的目标,模型中变量数据的选取及计算如下:

(1) $q_{i,3}$,$q_{i,4}$两项(即省际调出和省际调入)采用"初步估计四列贸易数据"这一步骤中所得初步估计结果。

(2) Q_{ctrl}中qc_3、qc_4两个元素(即省际调出、省际调入的列和控制数)的数值用式(2.8)计算得出:

$$qc_3 = -qc_4 = \frac{\sum_i \bar{q}_{i,3} - \sum_i \bar{q}_{i,4}}{2} \quad (2.8)$$

(3) $\bar{q}_{i,1}$,$\bar{q}_{i,2}$(即各省消费和资本形成),采用《中国统计年鉴2008》中公布各省支出法GDP的相应数据;同时,利用式(2.9)计算消费、资本形成两项的列和控制数,其中$q_{i,1}^{Ori}$、$q_{i,2}^{Ori}$分别为官方原始IO表中各省的消费和资本形成数值。

$$qc_j = \frac{\sum_i \bar{q}_{i,j}}{\sum_i \sum_j \bar{q}_{i,j}} \sum_i \sum_j q_{i,j}^{Ori} \quad (j=1,2) \tag{2.9}$$

（二）平衡分部门的省际调入调出

在各省省际调入调出总量满足全国调入调出总和相平衡的基础上，以第一步调整的结果为约束进行第二步调整，目标在于使每个部门的省际调入全国总和等于省际调出全国总和。

在具体操作中，由于交叉熵的计算用到对数，从而无法处理负值，因此要对第Ⅱ象限中的负值进行预处理。在这里，有两种情况可能会出现负值：一是在用海关数据初步估算四列贸易数据时所产生的负的省际贸易数值；二是"资本形成"项因存货减少而可能出现的负值。对于第一类负值，我们参照已完成编制的 2002 年地区扩展投入产出表中对应省份、对应部门的省际贸易与相应总产出的比值给出一个贸易初始值；第二类负值其本身是正确的，因此我们构建一个新的列向量，称之为辅助项，将"资本形成"项中的负值移项至辅助项，辅助项在交叉熵模型的规划过程中不发生改变，在规划完成后，再将辅助项加至新的"资本形成"项中。

第二步调整的模型为：

$$\min\left(\sum_i \sum_j \sum_k a_{i,j,k}(\ln a_{i,j,k} - \ln \bar{a}_{i,j,k})\right) \tag{2.10}$$

$$\text{Subject to} \quad A_i \cdot Q_i^T + R_i = G_i - E_i + M_i - U_i$$

$$\sum_i \sum_{j=3}^{4} a_{i,j,k} \cdot q_{i,j} = 0$$

$$\sum_k a_{i,j,k} = 1$$

$$0 \leq a_{i,j,k} \leq 1$$

$$A_{i,3} \cdot q_{i,3} + E_i \leq TO_i$$

$$R_i \leq 0.05 \cdot TO_i$$

与第一步类似地，$\bar{a}_{i,j,k}$ 是 $a_{i,j,k}$ 的初始值，$\bar{a}_{i,j,k} = \bar{q}_{i,j,k} / \sum_k \bar{q}_{i,j,k}$，其中，$\bar{q}_{i,j,k}$ 代表地区 i 部门 k 项目 j 的值，j 的指代关系与第一步规划相同；矩阵 Q 为上一步规划的结果，即各省消费、资本形成、省际调出、省际调入四项的列和，在此规划中作为各省列和的约束；矩阵 R 是误差项，其值被控制在总产出的 5% 以内；G,E,M 的含义与第一步规划相同；矩阵 U 为前文所述"辅助项"，用于存放"资本形成"项的负值。另外模型假设不存在"转口贸易"，因此省际调出和出口之和不能超过各省相应部门的产出。

至此，我们完成了将 IO 表四列贸易数据补充调整工作，并将 8 个部门的结果展示如下（2007 年生产者价格）。

表2-7-1　2007年具有四列贸易数据的投入产出表——北京

单位：万元

投入＼产出	农业	工业	建筑业	交通运输、仓储及邮电通信业	批发、零售、住宿和餐饮业	金融保险业	房地产业	其他服务业	农村居民消费	城市居民消费	政府消费	固定资本形成总额	存货变动	省际调出	出口	省际调入	进口	总产出
农业	936148	1621262	75284	2844	366377	24	28574	591878	212813	1593466	105726	134260	35584	1717	356451	2335697	1112856	2731301
工业	452202	58550578	11785662	11899340	2708007	1148668	918334	18019618	656676	9765762	0	4830206	4713311	30989637	22016339	59257708	24218964	92177012
建筑业	62	43944	237243	102619	188583	89875	144572	1372805	2879	505278	0	19524490	0	0	0	2100291	0	19321222
交通运输、仓储及邮电通信业	50017	2732691	423188	6378576	944095	833006	153395	4068845	173683	2298799	0	7883422	67043	13412954	3651585	4087354	2813619	37835069
批发、零售、住宿和餐饮业	98270	5952619	959096	1630723	836651	568939	265310	4485394	85790	1195598	0	387182	283556	6667973	5130172	6465663	738295	22029683
金融保险业	5920	669844	114029	653960	1050058	330500	652030	1745317	201759	3388480	0	0	0	9076371	365285	49060	448129	18573604
房地产业	18	99070	13914	185476	339173	965530	448874	707995	109370	402454	0	4456891	0	4352300	0	6457	0	11834129
其他服务业	175065	2241216	977383	2115301	3896392	1947361	944290	9761403	154581	2309449	24433518	0	3594	15633182	5388957	4502920	5121388	62997577
中间投入合计	1717701	71911224	14585779	22968839	10329334	5883926	3555378	40753255	1597552	21459284	24449244	37216451	5103089	80134134	36908788	78805149	34453249	267499598
劳动者报酬	678720	5483249	3522721	7049761	4851618	3208638	1512074	17564654										
生产税净额	22218	4050623	515191	923039	849682	822666	2205045	1102990										
固定资产折旧	173849	2596108	128281	3165165	974140	247682	2466986	2716483										
营业盈余	138812	8135808	569251	3728266	5024908	8410691	2094646	860195										
增加值合计	1013599	20265788	4735443	14866230	11700349	12689677	8278751	22244322										
总投入	2731301	92177012	19321222	37835069	22029683	18573604	11834129	62997577										

表 2-7-2　2007年具有四列贸易数据的投入产出表——天津

单位：万元

投入\产出		中间使用								最终消费			资本形成总额		省际调出	出口	省际调入	进口	总产出
		农业	工业	建筑业	交通运输、仓储及邮电通信业	批发、零售、住宿和餐饮业	金融保险业	房地产业	其他服务业	居民消费		政府消费	固定资本形成总额	存货变动					
										农村居民消费	城市居民消费								
中间投入	农业	303188	946960	49447	21388	78708	635214	0	46284	90737	818557	633114	0	-46935	674970	176917	1287418	201999	2407440
	工业	736934	56153425	8634277	4008039	1157947	168497	87197	2743689	518185	4722018	0	5762711	2282513	4904800	17524071	36706149	12393707	103106126
	建筑业	2726	52583	0	87055	60918	13355	20559	79324	7861	96451	0	13553301	0	3840452	186747	3720382	118667	13535800
	交通运输、仓储及邮电通信业	98843	10156977	1243347	1832876	348340	115534	24106	627608	108295	1142950	90887	374254	370931	5326835	2547812	10937483	1827985	12180049
	批发、零售、住宿和餐饮业	94090	5239711	628890	656102	306985	96255	29791	810029	112259	1448605	0	567754	253558	1811040	1336259	4721580	0	9068774
	金融保险业	8332	1485871	96118	522458	434553	33612	130836	394506	243247	761119	0	0	0	481728	8709	1231135	7817	3516880
	房地产业	0	146938	10002	170402	282780	42601	14542	337193	78619	248259	0	3568631	0	468858	0	3131526	0	2299570
	其他服务业	61305	2305022	567119	1012927	486438	165360	98266	886133	167967	1571866	6436286	0	0	3058674	694675	4657294	1531380	11844522
	中间投入合计	1305418	76487487	11229200	8311248	3156669	635214	405297	5924766	1327169	10809826	7160288	23826651	2860067	64711357	22475189	66392967	16081555	157959160
增加值	劳动者报酬	1073613	6473196	1127400	881443	1763762	654741	288493	3622970										
	生产税净额	0	5593077	412100	353930	1480322	346830	388306	363793										
	固定资产折旧	28409	5130312	216100	602227	302156	81222	667637	515036										
	营业盈余	0	9422053	551000	2031201	2365866	1798874	549837	1417956										
	增加值合计	1102022	26618638	2306600	3868801	5912105	2881666	1894273	5919755										
总投入		2407440	103106126	13535800	12180049	9068774	3516880	2299570	11844522										

表 2-7-3　2007年具有四列贸易数据的投入产出表——河北

单位：万元

投入\产出		中间使用								最终使用							总产出
		农业	工业	建筑业	交通运输、仓储及邮电通信业	批发、零售、住宿和餐饮业	金融保险业	房地产业	其他服务业	最终消费			资本形成总额		省际调出	出口	省际调入	进口
										居民消费		政府消费	固定资本形成总额	存货变动				
										农村居民消费	城市居民消费							
中间投入	农业	4752414	11798849	105617	835536	308239	0	0	418818	1684314	4260230	93264	48793	-2802524	16227929	210125	7753407	751077	30757700
	工业	6481673	158194849	12105226	8233623	1651340	860410	374077	9301260	4757769	9353332	0	27214784	8658302	132895225	12168159	123176510	5728330	259031942
	建筑业	194898	99208	0	150696	163785	45780	209497	200470	123927	220626	0	25676039	0	0	265134	4758353	58643	21637700
	交通运输、仓储及邮电通信业	859792	10136296	797060	1214162	1277875	503155	51658	1624172	1364024	3135561	3244837	468878	67445	12432807	494853	8547040	448881	29996500
	批发、零售、住宿和餐饮业	367658	5708463	560217	1223427	352465	453070	55075	2098822	928754	2085490	0	1449222	695721	2655110	461659	5716651	0	13993800
	金融保险业	30944	2096041	71194	1918577	354068	25073	43349	939591	1177232	1722486	0	0	0	330850	1121	2964407	2375	6008100
	房地产业	0	77008	5634	377001	120547	107736	7662	272180	289284	342925	0	1036749	0	3678085	0	1471073	0	4973000
	其他服务业	23121	4682411	1127152	2231237	1291580	480676	135281	3010586	1983773	3813834	14000392	33714	0	11324093	282551	11075174	286076	34580700
	中间投入合计	12710500	192791127	14772100	16184259	5519900	2475900	876600	17865900	12309077	24934055	17338493	55928179	6618844	179544998	13883602	165462616	7275381	400979442
增加值	劳动者报酬	17966100	13712174	2801900	4350960	2312000	1336000	233000	9858500										
	生产税净额	-488300	12715840	611200	2655476	2485300	662600	336900	1012300										
	固定资产折旧	569400	7952288	287300	2708376	837700	86800	3212500	2516100										
	营业盈余	0	31860513	3165200	4097428	2838900	1446800	314000	3327900										
	增加值合计	18047200	66240816	6865600	13812241	8473900	3532200	4096400	16714800										
总投入		30757700	259031942	21637700	29996500	13993800	6008100	4973000	34580700										

表2-7-4　2007年具有四列贸易数据的投入产出表——山西

单位：万元

投入＼产出		中间使用								最终使用						进口	总产出
										最终消费			资本形成总额				
										居民消费		政府消费	固定资本形成总额	存货变动	省际调出	出口	省际调入
		农业	工业	建筑业	交通运输、仓储及邮电通信业	批发、零售、住宿和餐饮业	金融保险业	房地产业	其他服务业	农村居民消费	城市居民消费							
中间投入	农业	1116149	1834426	139800	89589	242176	0	0	18124	793381	1201967	0	188032	-69218	0	16355	700709	7277	4984000
	工业	698059	46499887	10754375	1444090	874293	445027	78373	2307316	2775794	5553000	0	13797297	2554211	17793481	5673140	15943656	4762396	89798100
	建筑业	0	404506	47371	243477	24447	97719	58087	216614	0	0	0	13476940	0	998200	0	0	0	15248800
	交通运输、仓储及邮电通信业	48784	4989728	445052	493312	132455	362942	11001	427899	227364	1356816	16600	73318	-9713	998200	0	1120851	0	8489500
	批发、零售、住宿和餐饮业	409560	2069166	83591	572921	711712	84987	48628	587006	831201	2452273	0	336058	106008	699062	0	1536762	0	7380000
	金融保险业	4863	1889912	33642	83243	292033	20375	19547	261408	44116	131244	0	0	0	1157	0	10486	0	2772400
	房地产业	729	833	2	206677	2910	3888	5382	74961	385768	1062825	21234	0	0	0	0	0	0	1587200
	其他服务业	9056	690742	778067	96991	188874	154362	7282	807872	376419	1417715	7136687	0	0	26221	0	29314	0	11699800
	中间投入合计	2287200	58379200	12281900	3050300	2528900	1169300	228300	4701200	5434043	13175840	7153287	27892879	2581288	19518121	5689495	19341778	4769674	141959800
增加值	劳动者报酬	1919300	7411049	1649000	1237100	1035800	608800	87400	4506099										
	生产税净额	-52000	5417910	515600	288200	1050800	192900	89200	143003										
	固定资产折旧	134100	3274493	329700	1126000	493700	81700	1137400	753199										
	营业盈余	695400	15315448	472600	2787900	2270800	719700	44900	1596299										
	增加值合计	2696800	31418900	2966900	5439200	4851100	1603100	1358900	6998600										
总投入		4984000	89798100	15248800	8489500	7380000	2772400	1587200	11699800										

表2-7-5　2007年具有四列贸易数据的投入产出表——内蒙古

单位：万元

投入\产出	农业	工业	建筑业	交通运输、仓储及邮电通信业	批发、零售、住宿和餐饮业	金融保险业	房地产业	其他服务业	农村居民消费	城市居民消费	政府消费	固定资本形成总额	存货变动	省际调出	出口	省际调入	进口	总产出
农业	1925594	4243681	74559	11716	313977	0	0	19610	151076	499121	268492	136772	87752	5264765	150944	0	932493	12764437
工业	3227394	28204175	6586615	3044078	1857043	138266	39296	2345113	1519292	5009409	0	9709380	3230810	32490547	2530760	23320718	2552561	72333441
建筑业	33308	22381	0	70735	67181	20603	48210	72148	46342	148750	105701	22424253	67058	0	0	10763544	0	11705703
交通运输、仓储及邮电通信业	446472	5154549	659833	1083634	300957	90686	18012	688714	309406	930910	105701	1137487	105180	3903232	0	3659856	0	11793846
批发、零售、住宿和餐饮业	687935	3660104	420200	855469	447015	66174	17432	965127	411961	1882420	19431	2470461	117505	779130	0	3595398	0	9566594
金融保险业	83629	843543	30787	351219	346464	507	4161	411575	282402	710346		0	0	0	0	0	0	3226008
房地产业	0	85341	104	101156	290617	13108	0	62872	11380	445687		0	0	0	0	0	0	1056762
其他服务业	150903	1384168	148298	148590	830456	61220	4951	513542	807638	1965859	7584868	0	0	0	0	0	0	14226458
中间投入合计	6555225	43597942	7920396	5666595	4453709	390564	132061	5078700	3539497	11592502	7978492	35878353	3608305	42437674	2681705	41339517	3485055	13667324
劳动者报酬	3574312	6453897	2932765	2007304	2804629	716956	199023	7037396										
生产税净额	-49982	5727950	378109	749737	1091220	227435	176092	82149										
固定资产折旧	876514	4116291	357974	1348038	667601	102155	631950	591519										
营业盈余	1808358	12437361	116459	2022171	549434	1788898	-82364	1436694										
增加值合计	6209202	28735499	3785307	6127251	5112884	2835444	924700	9147758										
总投入	12764437	72333441	11705703	11793846	9566594	3226008	1056762	14226458										

表 2-7-6　2007 年具有四列贸易数据的投入产出表——辽宁

单位：万元

产出＼投入	中间使用 农业	工业	建筑业	交通运输、仓储及邮电通信业	批发、零售、住宿和餐饮业	金融保险业	房地产业	其他服务业	中间投入合计	最终消费 农村居民消费	城市居民消费	政府消费	资本形成总额 固定资本形成总额	存货变动	省际调出	出口	省际调入	进口	总产出
农业	4000101	7979640	40653	179906	1283145	0	2	49260	1586625	3814336	493501	71697	391028	1252651	481145	727158	531574	21280000
工业	4448347	117052022	12627657	4305423	3269478	839833	298153	4726683	2277814	9620282	0	26465110	6026859	57890225	21833760	57149359	17145247	195150678
建筑业	4417	81204	223932	52552	63671	13784	78128	189271	56967	322152	0	22148281	0	0	0	0	0	22166200
交通运输、仓储及邮电通信业	455059	4698502	1476308	1722149	1277729	794459	53419	516931	392569	1877137	906966	1490767	72180	786482	571485	341422	8683	17247857
批发、零售、住宿和餐饮业	572045	6237200	966007	726950	660506	538510	68798	1117495	858844	3508904	0	1676811	309597	2773543	1584916	0	0	22023600
金融保险业	223386	2417232	176881	8448144	624743	721764	135069	425419	168408	1075850	117352	0	0	195517	0	0	0	7354500
房地产业	4070	165316	1660	132775	464597	282608	40234	189802	569373	1684760	0	875171	0	0	0	0	0	4410800
其他服务业	238574	3305385	514519	629648	1515731	772534	128897	1217641	943905	4621007	7306344	1490767	485275	184617	1495328	123696	21168083
中间投入合计	9946000	141936500	16027616	8597547	9159600	3963491	802700	8432503	6854506	26524429	8824164	52727837	6799664	63383692	24655922	59713267	17889200	310801718
劳动者报酬	11000000	15198400	3601328	1925436	3773600	1993146	400100	7836860										
生产税净额	0	11383700	759785	512207	3849500	565312	746700	1064907										
固定资产折旧	334000	9850400	393000	2053871	994800	288087	1862600	934842										
营业盈余	0	16781678	1384471	4158796	4246100	544463	598700	2898970										
增加值合计	11334000	53214178	6138584	8650310	12864000	3391009	3608100	12735580										
总投入	21280000	195150678	22166200	17247857	22023600	7354500	4410800	21168083										

第二章 2007年中国地区扩展投入产出表的编制

表 2-7-7　2007 年具有四列贸易数据的投入产出表——吉林

单位：万元

产出＼投入	中间使用										最终使用								进口	总产出
	农业	工业	建筑业	交通运输、仓储及邮电通信业	批发、零售、住宿和餐饮业	金融保险业	房地产业	其他服务业		最终消费				资本形成总额		省际调出	出口	省际调入		
										居民消费			政府消费	固定资本形成总额	存货变动					
										农村居民消费	城市居民消费									
农业	3301273	3924424	0	537284	263470	0	0	5710		757138	854988	183096	530897	−250559	6083955	623302	3119059	117004	14189043
工业	2832571	40669175	6449433	2220989	1799833	135222	634477	4580953		1640136	4889708	−0	12962447	2732331	40625166	1972062	46548324	4184888	70609550
建筑业	4955	26109	0	46348	94385	15542	12492	203375		16142	112731	0	18462854	−246974	117525	0	7637566	0	10755846
交通运输、仓储及邮电通信业	77015	886265	309708	269914	280296	76276	23523	725175		176097	758949	127874	663767	591056	2758464	1165	309615	0	7757247
批发、零售、住宿和餐饮业	63553	218241	50648	102986	94019	34035	17019	573259		1204671	4215523	0	1243284	76904	1625608	0	198351	0	9750419
金融保险业	11929	376095	34143	118409	273697	3532	133881	182943		40819	395301	15161	0	0	0	0	21597	0	1636310
房地产业	94	30390	253319	33285	15090	12198	6448	71796		408258	1041032	0	1057831	0	14278	0	513536	0	2542347
其他服务业	59638	1551208	611391	367269	896450	99113	184101	535218		608013	1441636	6712190	52382	0	1822225	0	1282958	0	14248891
中间投入合计	6351029	47681906	7708642	3696484	3717240	375917	1011941	6878429		4851274	13708868	7038320	34973461	2902758	53047220	2596529	59631006	4301892	131489652
劳动者报酬	7551676	4444796	1431876	925342	1303105	500455	125908	4917953											
生产税净额	−111404	4646757	362327	517041	1425040	281013	159034	194893											
固定资产折旧	397742	2506301	195557	1105572	553052	73798	1222465	1019100											
营业盈余	0	11329790	1057444	1512808	2751982	405127	22999	1238516											
增加值合计	7838014	22927644	3047204	4060763	6033179	1260393	1530406	7370462											
总投入	14189043	70609550	10755846	7757247	9750419	1636310	2542347	14248891											

表 2-7-8　2007年具有四列贸易数据的投入产出表——黑龙江

单位：万元

产出／投入	农业	工业	建筑业	交通运输、仓储及邮电通信业	批发、零售、住宿和餐饮业	金融保险业	房地产业	其他服务业	最终消费 农村居民消费	最终消费 城市居民消费	最终消费 政府消费	资本形成总额 固定资本形成总额	资本形成总额 存货变动	省际调出	出口	省际调入	进口	总产出
农业	2178137	5552956	5852	3327	390243	0	0	5431	468111	1840251	115020	154515	193105	6201594	761296	775126	819492	17006500
工业	4509560	34647717	10426309	2436760	1603240	211241	212007	4265631	2562439	6931549	0	8230576	1199817	34531275	3069758	28997343	2554979	81698639
建筑业	17791	30050	4967	85213	104616	25203	265063	100521	75571	231481	0	17044268	0	512940	0	1026943	0	16758100
交通运输、仓储及邮电通信业	406724	3074510	1027340	1141964	411891	208591	134279	990925	350589	1243407	0	371291	53962	1026770	77	855531	0	9984901
批发、零售、住宿和餐饮业	619428	2888874	1023018	446387	291937	112003	54727	922757	430293	1810615	0	827989	125320	1037349	0	173604	0	10667500
金融保险业	55885	627089	41939	372455	296622	15580	68990	133578	83121	920710	0	0	0	518761	0	1084109	0	2145000
房地产业	1907	155733	20895	139895	250888	90419	15540	329894	366708	1019482	0	479992	0	244437	0	94066	0	3160800
其他服务业	63197	1395247	520947	423330	708804	124963	144193	607794	779465	2586648	11296710	20481	0	274501	0	2903400	0	16729200
中间投入合计	7852629	48372177	13071266	5049331	4058240	787999	894800	7356531	5116297	16884142	11411731	27129111	1572204	44347627	3831130	35910123	3374471	158150639
劳动者报酬	7984825	6075987	2314629	1330977	1096982	635203	412903	5865714										
生产税净额	-512884	6382524	566957	542074	848205	449107	234300	358926										
固定资产折旧	479078	4934142	340158	1016309	433339	94797	1352396	972800										
营业盈余	1202852	15933809	465089	2046210	4230734	177894	266402	2175229										
增加值合计	9153871	33326462	3686833	4935570	6609259	1357001	2266000	9372669										
总投入	17006500	81698639	16758100	9984901	10667500	2145000	3160800	16729200										

表2-7-9　2007年具有四列贸易数据的投入产出表——上海

单位：万元

投入\产出	农业	工业	建筑业	交通运输、仓储及邮电通信业	批发、零售、住宿和餐饮业	金融保险业	房地产业	其他服务业	农村居民消费	城市居民消费	政府消费	固定资本形成总额	存货变动	省际调出	出口	省际调入	进口	总产出
农业	269032	1312728	0	11765	648673	0	0	174272	755637	11948426	67125	36799	56563	1792	320052	9233193	3919942	2559801
工业	868108	161097800	17821060	8321004	2671040	1029942	1405746	12424399	350544	14237143	0	22709612	3136357	79093315	92813486	54439535	101353647	258627503
建筑业	253	433681	112100	505363	357171	281975	415779	2010078	0	0	0	18437658	1605478	284654	0	17837	0	24179098
交通运输、仓储及邮电通信业	85772	16403987	1333566	8355879	1818064	2493929	663144	6454405	170672	2041731	0	1743826	-2441	10680449	4556383	12943060	8176584	37321884
批发、零售、住宿和餐饮业	167360	9802451	682302	1861453	1785175	441168	213531	1972618	109346	2177956	0	507157	195213	5136419	2993687	5605388	169319	23141902
金融保险业	17455	5601137	106145	2309627	1904639	3061443	931812	1015492	182909	1990840	0	0	0	3256127	1000222	778891	87500	21455500
房地产业	1979	628210	25823	814451	132291	422453	798478	1113879	287943	2871390	0	5483485	0	0	0	0	0	13159396
其他服务业	43613	9597476	567091	2986520	945813	2382427	1409202	7424262	494437	5992778	14374836	45311	0	8117922	2763129	1395960	5662194	52391906
中间投入合计	1453572	204877470	20648887	25166062	10262866	10113337	5837692	32589405	2351487	41260264	14441961	48963849	4991170	106570677	104446959	84413864	119369186	432836990
劳动者报酬	818795	14875347	2458781	4729484	3320016	2711392	903026	14795220										
生产税净额	70489	12766308	415207	929775	1910272	842512	982105	644406										
固定资产折旧	50633	8373527	254043	3357864	402234	244660	680173	2994902										
营业盈余	166312	17734851	402980	3138699	7246514	7543599	4756400	1367973										
增加值合计	1106229	53750033	3531011	12155822	12879036	11342163	7321704	19802501										
总投入	2559801	258627503	24179098	37321884	23141902	21455500	13159396	52391906										

表2-7-10　2007年具有四列贸易数据的投入产出表——江苏

单位：万元

产出\投入		中间使用								最终使用							省际调入	进口	总产出
		农业	工业	建筑业	交通运输、仓储及邮电通信业	批发、零售、住宿和餐饮业	金融保险业	房地产业	其他服务业	最终消费			资本形成总额		出口	省际调出			
										居民消费		政府消费	固定资本形成总额	存货变动					
										农村居民消费	城市居民消费								
中间投入	农业	3785293	21091861	191490	344657	1217349	0	732	306528	6921145	7356407	543512	1116736	33503	210559	1360242	7633933	6987710	30647200
	工业	6812208	389919588	27571733	8879391	5753126	897071	1040532	16607762	7065098	18355389	0	63802050	13655113	115996211	97123688	96407389	68263403	597278234
	建筑业	6534	155512	441643	97790	79609	16968	195901	461642	0	456140	0	22602717	0	122851	26379215	180	286660	48496855
	交通运输、仓储及邮电通信业	550804	14259029	4192226	2308952	1895857	646288	112682	2074277	998227	2499127	2137805	1578204	55270	1358539	1018173	5246622	1641920	30115096
	批发、零售、住宿和餐饮业	524742	14062168	1501954	901728	905735	526782	223266	3165827	2414221	7260468	0	5407138	281445	21571	944411	97445	3115	39791733
	金融保险业	291981	8420593	405533	1177787	854763	931145	398971	1342262	597943	2309029	682529	0	0	169670	30368	1875821	60362	16397900
	房地产业	5592	1252998	25973	297679	546775	390325	143361	601802	1325384	2753772	0	7868348	0	17225	0	1477276	0	14225700
	其他服务业	507678	9989566	843092	1208166	1862196	968324	555905	3663601	2124362	8646966	27983465	448523	0	447040	1511675	4262406	529905	58544192
	中间投入合计	12484833	459151315	35173643	15216150	13115411	4376904	2671349	28223701	20917380	49637299	31347311	102823715	14025330	118326441	128384996	117001071	77773076	835496910
增加值	劳动者报酬	17224186	43124099	6877995	4897995	7490950	2681622	911369	19253533										
	生产税净额	32375	29426864	1651172	1588073	7799937	2631224	991505	1131497										
	固定资产折旧	905806	19883513	719785	4015953	1381082	159909	8290686	3698625										
	营业盈余	0	45692444	4074260	4396925	10004353	6548242	1360791	6236835										
	增加值合计	18162367	138126919	13323212	14898946	26676322	12020997	11554351	30320491										
总投入		30647200	597278234	48496855	30115096	39791733	16397900	14225700	58544192										

表2-7-11　2007年具有四列贸易数据的投入产出表——浙江

单位：万元

投入＼产出		中间使用								最终使用							总产出
		农业	工业	建筑业	交通运输、仓储及邮电通信业	批发、零售、住宿和餐饮业	金融保险业	房地产业	其他服务业	最终消费			资本形成总额		省际调出	出口	省际调入	进口	
										居民消费		政府消费	固定资本形成总额	存货变动					
										农村居民消费	城市居民消费								
中间投入	农业	1089739	8078764	238971	69652	1457757	178	343404	381035	1079424	4613161	106928	2463139	0	337050	241585	4566701	654140	15966506
	工业	3267576	285221717	32894804	8457181	4402946	874031	436284	12155705	7030890	17508932	0	23079627	2733428	89591655	89369698	114169304	32303919	424687082
	建筑业	0	493993	123172	377052	276190	80715	181403	364621	338697	0	0	46868371	0	0	0	0	0	47853431
	交通运输、仓储及邮电通信业	205514	9357463	1048768	1120925	2455824	971628	103554	2545610	1072155	4413616	782397	1585637	44941	2312267	1988140	4399613	763086	25989268
	批发、零售、住宿和餐饮业	309205	16044312	1975686	587100	576361	332172	143980	3426403	1447549	4832434	0	685110	149059	7278683	3711226	9205614	231835	33442596
	金融保险业	211772	5025522	176236	1585108	1031353	28055	130483	1887934	729615	3162682	2925	0	0	0	0	0	0	14614734
	房地产业	0	753984	11554	212655	670343	135857	30968	826702	1999805	3594812	0	3202453	0	0	0	0	0	11965620
	其他服务业	1022457	8746151	962566	1392272	2348612	906227	2171159	3214553	1915218	5019296	19635501	33837	0	2105363	392206	1534437	570468	47869601
	中间投入合计	6106263	333721906	37431757	13801945	13219386	3328863	1587235	24802563	15613353	43144931	20527751	77918174	2927429	101625019	95702856	133875669	34523448	622388838
增加值	劳动者报酬	9451894	31812848	7481040	3620822	4713714	2609381	1554016	16653468										
	生产税净额	-238230	9197462	1288296	935968	4490673	1978062	1080818	814727										
	固定资产折旧	646579	12980975	541627	2874138	967146	344120	5285925	2136102										
	营业盈余	0	36973891	1110711	4756395	10051677	6354284	2457626	3462741										
	增加值合计	9860243	90965176	10421674	12187323	20223210	11285871	10378385	23067038										
总投入		15966506	424687082	47853431	25989268	33442596	14614734	11965620	47869601										

表 2-7-12　2007 年具有四列贸易数据的投入产出表——安徽

单位：万元

投入 \ 产出	农业	工业	建筑业	交通运输、仓储及邮电通信业	批发、零售、住宿和餐饮业	金融保险业	房地产业	其他服务业	中间使用合计	农村居民消费	城市居民消费	政府消费	固定资本形成总额	存货变动	省际调出	出口	省际调入	进口	总产出
农业	3074856	5980341	50748	11902	1018424	0	74685	165796		1757612	3029819	88660	13534	253258	7760884	102247	3434907	53884	20787957
工业	3917006	53819683	8339360	3462254	922613	369505	262630	6688538		3960655	7288329	0	9789841	1466361	59009748	5126837	58731091	4105958	99996889
建筑业	3819	32176	0	190733	36690	51477	4537	127827		26325	164719	0	19960979	0	17708	0	4414703	0	15561901
交通运输、仓储及邮电通信业	265652	3016688	439947	1506396	509661	354788	31311	865383		704533	1734947	300234	287129	35119	4590680	248382	1533746	100807	12900039
批发、零售、住宿和餐饮业	939736	7318614	1098526	963042	510014	317714	72606	1594366		770070	1902843	0	807611	161874	3774657	406416	9755856	0	10423595
金融保险业	36431	535355	16461	168975	147219	4696	23846	242439		286232	1090352	4269	0	0	643918	0	199615	0	3024451
房地产业	10	48971	332	39694	96992	40897	3664	167364		953823	1600690	0	976819	0	6761	0	227655	0	3600890
其他服务业	427200	1880188	223284	357044	729342	360905	90182	1536812		1561170	3016144	9553119	607283	161705	2661705	35033	717755	0	22640104
中间投入合计	8664710	72632016	10168658	6700038	3970955	1499982	563462	11388524		10020419	19827843	9946282	32443197	1916613	79015328	5919015	79015328	4260650	188935826
劳动者报酬	11690585	7166505	2487933	1741815	1597540	421437	415363	8237696											
生产税净额	3057	6082139	565902	643797	1190936	134201	226199	403234											
固定资产折旧	429605	3076697	216012	1891190	603940	51742	2211516	685818											
营业盈余	0	11039533	2123395	1923199	3060223	917089	184350	1924833											
增加值合计	12123247	27364872	5393243	6200001	6452640	1524468	3037429	11251580											
总投入	20787957	99996889	15561901	12900039	10423595	3024451	3600890	22640104											

表 2-7-13　2007年具有四列贸易数据的投入产出表——福建

单位：万元

投入\产出		中间使用								最终使用							总产出
		农业	工业	建筑业	交通运输、仓储及邮电通信业	批发、零售、住宿和餐饮业	金融保险业	房地产业	其他服务业	中间投入合计	最终消费			资本形成总额		出口	省际调入	进口
											居民消费		政府消费	固定资本形成总额	存货变动	省际调出		
											农村居民消费	城市居民消费						
中间投入	农业	2640333	7748976	150725	690	1167147	0	0	0		1198240	2750154	113079	0	187279	806656	172392	231860	378317	16921600
	工业	2464069	83315899	8911461	3983452	1945592	502093	283877	3746259		3518709	9279325	0	16096869	2922398	26060147	31632617	33463127	11189724	147775889
	建筑业	958394	69016	0	156110	105971	86995	95208	299089		60288	28404	0	17554961	0	2131466	137745	365368	3803416	16717000
	交通运输、仓储及邮电通信业	149625	6808781	932595	967392	674587	343157	88238	1017384		869088	2610111	707961	2933958	360131	1064160	2135678	6018567	980386	15338800
	批发、零售、住宿和餐饮业	129249	5211172	646956	328231	297712	228627	83610	985002		618641	1886484	0	2478353	226571	961068	2944606	2717402	0	14488800
	金融保险业	230971	1298238	105125	611730	181655	904871	115405	719598		830800	1058446	0	0	0	445647	0	699758	0	6069800
	房地产业	65334	19946	1138	4458	24499	7437	873	78316		847872	1542346	0	2022646	0	1382804	0	126666	0	5695700
	其他服务业	262550	3119592	658997	672022	611107	353513	215181	899427		562707	2311036	9713116	0	226347	953547	586347	3104378	0	18169370
	中间投入合计	6900525	107591620	11406998	6724085	5008272	2426693	882392	7745075		8506344	21466306	10534156	41086787	3696379	33805496	37609386	46727127	16351843	241176959
增加值	劳动者报酬	9939575	13807165	3064992	2157094	2030595	1164497	420399	6608883											
	生产税净额	29400	7128156	674305	1109109	2102216	468604	687805	591905											
	固定资产折旧	52100	4866200	212800	1717400	468000	103100	2685300	866300											
	营业盈余	0	14382749	1357905	3631112	4879717	1906906	1019803	2357208											
	增加值合计	10021075	40184269	5310002	8614715	9480528	3643107	4813308	10424296											
总投入		16921600	147775889	16717000	15338800	14488800	6069800	5695700	18169370											

表 2-7-14　　　　2007年具有四列贸易数据的投入产出表——江西

单位：万元

产出\投入		农业	工业	建筑业	交通运输、仓储及邮电通信业	批发、零售、住宿和餐饮业	金融保险业	房地产业	其他服务业	中间使用	最终消费				资本形成总额		省际调出	出口	省际调入	进口	总产出
											居民消费		政府消费	固定资本形成总额	存货变动					
											农村居民消费	城市居民消费								
中间投入	农业	1842970	3395507	201499	101316	338570	0	21393	231926		2045426	1492644	325150	0	793835	2842370	96516	41555	31848	14269300
	工业	2338159	40610461	10752144	1851247	2180484	376234	397758	2222273		440491	6212583	0	5909021	3297867	14896229	3979660	16251113	3335305	78490401
	建筑业	1681	45470	0	109772	293397	59692	3691	70831		10199	133185	0	18171798	0	123653	0	313898	0	17959700
	交通运输、仓储及邮电通信业	207061	4314159	518313	835448	1416276	164276	51540	465758		546551	900366	695802	158544	10	350364	0	2499947	0	8498200
	批发、零售、住宿和餐饮业	562483	5354688	637984	573851	921273	106491	98233	995865		402039	666989	0	679309	498439	868168	0	1128154	0	11717800
	金融保险业	18031	426893	23015	596296	513654	6803	16917	113520		165158	375258	33318	0	0	504	0	674110	0	1689600
	房地产业	19	260951	4398	39349	663355	43561	9059	187132		647190	663410	0	85144	0	16245	0	218341	0	2512000
	其他服务业	241196	1305373	190047	180620	894632	75342	19908	658394		819906	824559	5503794	0	0	1177301	0	1352223	0	11023900
	中间投入合计	5211600	55713501	12327400	4287900	7221400	832400	618500	4945700		9076960	11268994	6558063	25003815	4590152	20274834	4076175	22479341	3367153	146160901
增加值	劳动者报酬	7814617	7709945	4589960	1066165	1123274	197799	963663	5211807											
	生产税净额	5731	1015249	716166	224456	1043771	72931	219802	191508											
	固定资产折旧	277957	2790358	280373	921041	213108	31682	34888	392459											
	营业盈余	959395	11261348	54801	1998638	2116247	554788	675147	282426											
	增加值合计	9057700	22776900	5632300	4210300	4496400	857200	1893500	6078200											
总投入		14269300	78490401	17959700	8498200	11717800	1689600	2512000	11023900											

表 2-7-15　2007年具有四列贸易数据的投入产出表——山东

单位：万元

投入＼产出	农业	工业	建筑业	交通运输、仓储及邮电通信业	批发、零售、住宿和餐饮业	金融保险业	房地产业	其他服务业	居民消费 农村居民消费	居民消费 城市居民消费	政府消费	固定资本形成总额	存货变动	省际调出	出口	省际调入	进口	总产出
农业	8179647	45981831	86934	170187	1735622	0	0	144903	1496232	3320793	45795	1991341	400220	1115129	1535349	15349196	6375701	46477623
工业	11807762	339006652	26068082	13982704	7408206	941345	604677	17803900	11515886	25919497	0	51984887	15471473	65371213	51307079	41622444	29771063	564094050
建筑业	88181	430181	0	302919	485366	53453	48593	779930	0	415939	0	41234468	0	0	0	42241	256488	41857264
交通运输、仓储及邮电通信业	717949	15066418	2071229	3002304	3077931	694281	51159	1848201	208639	1662223	1348489	2356473	707979	293460	3866070	942359	831841	36673902
批发、零售、住宿和餐饮业	704073	9979345	441454	1408946	1144875	410716	98380	2881677	1344296	4895445	0	1865372	29519	2851130	7113129	539823	26710	36194376
金融保险业	199947	5542646	338903	764463	798100	437255	149770	924012	71729	1913843	146695	0	0	48419	71707	827405	0	11067033
房地产业	25817	832414	21912	569147	685390	187752	46953	1626870	597340	2629035	0	2930597	0	0	0	0	0	10620531
其他服务业	393047	11909627	691451	1001885	2086660	667596	134996	3437393	2123746	10915737	23587226	430182	0	1753243	3755776	1931620	1136356	62554220
中间投入合计	22116423	429349113	29719965	21202555	17422150	3392399	1134527	29446885	17357867	51672511	25128205	102793321	16609191	71432595	67649109	61253089	38398159	809538999
劳动者报酬	22404027	13672029	8908615	5280185	8116061	2678560	2202171	27328365										
生产税净额	11114	30963893	1399769	1472925	3703095	1163779	1327187	711777										
固定资产折旧	1911345	17682445	1032920	5655129	3005065	714201	5389018	2570781										
营业盈余	34714	72426570	795995	3063108	3948005	3118094	567628	2436411										
增加值合计	24361200	134744937	12137299	15471347	18772226	7674634	9486004	33107335										
总投入	46477623	564094050	41857264	36673902	36194376	11067033	10620531	62554220										

表 2-7-16　2007年具有四列贸易数据的投入产出表——河南

单位：万元

投入\产出		中间使用							最终使用						省际调出	出口	省际调入	进口	总产出
		农业	工业	建筑业	交通运输、仓储及邮电通信业	批发、零售、住宿和餐饮业	金融保险业	房地产业	其他服务业	中间投入合计	最终消费			资本形成总额						
											居民消费		政府消费	固定资本形成总额	存货变动					
											农村居民消费	城市居民消费								
中间投入	农业	6955301	19477946	48792	69088	1096220	370294	0	0	16448371	4478690	3281621	798603	101529	799001	2092621	103100	1901108	437309	38624971
	工业	8418915	145193515	12206232	3276023	6195711	370294	12777602	7277640	193429390	6152381	13673499	417	59270476	4792827	68660833	6691042	67555983	3426287	268512690
	建筑业	217195	398017	0	448706	124015	36310	60003	246138	14970028	113856	131889	0	12699693	0	11299859	0	1937544	0	22715028
	交通运输、仓储及邮电通信业	104379	9797877	1007494	3348377	1187111	308200	110205	1586152	10359883	795925	2116775	621584	566815	331	831180	178	2225816	0	21084483
	批发、零售、住宿和餐饮业	548918	12566581	936349	1718694	1296573	179068	292324	3325456	11218318	878381	1441220	0	65707	1544	175101	0	342233	0	23809918
	金融保险业	2231	1651294	87307	910966	120114	302034	58439	503324	1517515	675836	1605020	6468	0	0	17074	0	1599279	0	4540615
	房地产业	36	166948	9481	23339	503953	40203	25639	256372	2144092	1599416	2843886	0	858004	0	0	0	0	0	6618492
	其他服务业	201395	4177212	674373	564690	694620	281406	319879	1583685	14778766	2320578	3923011	17088265	144879	239743	0	0	4408702	0	29084766
	中间投入合计	16448371	193429390	14970028	10359883	11218318	1517515	2144092	14778766	5593704	17015963	29016923	18515338	73707102	5593704	83316411	6794320	79970665	3863596	414990964
增加值	劳动者报酬	21171100	14359540	4877761	3035941	4439870	486767	465311	11298875											
	生产税净额	350400	16572204	711661	1733468	3253540	659145	629988	304442											
	固定资产折旧	655100	5771801	457062	2718273	651460	60420	3139760	735438											
	营业盈余	0	38379755	1698515	3236918	4246730	1816768	239340	1967245											
	增加值合计	22176600	75083300	7745000	10724600	12591600	3023100	4474400	14306000											
总投入		38624971	268512690	22715028	21084483	23809918	4540615	6618492	29084766											

第二章 2007年中国地区扩展投入产出表的编制

表 2-7-17　　2007年具有四列贸易数据的投入产出表——湖北

单位：万元

产出\投入	中间使用									最终使用								总产出
	农业	工业	建筑业	交通运输、仓储及邮电通信业	批发、零售、住宿和餐饮业	金融保险业	房地产业	其他服务业	中间投入合计	最终消费			资本形成总额		省际调出	出口	省际调入	进口	
										居民消费		政府消费	固定资本形成总额	存货变动					
										农村居民消费	城市居民消费								
农业	4353442	9972285	269677	114988	517454	0	0	76787	6446986	1894434	2458927	858119	2519461	18604	3184995	87350	4174458	95292	23047830
工业	4371064	51316032	11594847	3624394	2447762	571241	717929	3035303	77325169	5873921	13048109	0	14527822	1697611	16285448	5897851	16007362	5195999	113564123
建筑业	32423	673880	1251070	31197	53455	17374	109541	343372	14520001	0	809430	0	16184069	0	0	0	0	0	19667000
交通运输、仓储及邮电通信业	98052	4647232	459811	560122	253385	243441	100442	1508303	6007790	103660	1452551	1887	1925181	22022	2136717	1654	822104	0	13264829
批发、零售、住宿和餐饮业	149462	3828151	572266	550899	460944	134314	75213	1178335	1804404	294912	2870216	0	3897964	186403	2265985	0	536825	0	15716590
金融保险业	106978	985597	153293	611096	700079	174203	216902	650891	1671372	160457	1180228	0	0	0	127357	0	117769	0	5177104
房地产业	0	2289787	76922	227286	654531	124251	146530	376192	10786444	252473	531398	0	681530	0	550413	0	582147	0	5467872
其他服务业	139683	3612205	142116	727003	920180	539580	304816	3617261	8868825	289968	3250983	11345954	39736027	1924640	24550914	5986855	22240664	5291291	25931490
中间投入合计	9251104	77325169	14520001	6446986	6007790	1804404	1671372	10786444		8868825	25601841	12205960							221836839
劳动者报酬	9595867	16080739	3613561	2659282	3619167	856257	2267644	9265101											
生产税净额	1137	7286201	684979	778014	1589638	334422	507998	2121552											
固定资产折旧	1357505	3752513	205186	1507108	608222	180641	326881	2003998											
营业盈余	2842216	9119501	643273	1873439	3891774	2001381	693977	1754396											
增加值合计	13796726	36238954	5146999	6817843	9708800	3372700	3796500	15145046											
总投入	23047830	113564123	19667000	13264829	15716590	5177104	5467872	25931490											

表2-7-18　2007年具有四列贸易数据的投入产出表——湖南

单位：万元

投入＼产出	农业	工业	建筑业	交通运输、仓储及邮电通信业	批发、零售、住宿和餐饮业	金融保险业	房地产业	其他服务业	居民消费-农村居民消费	居民消费-城市居民消费	最终消费（合计列）	政府消费	资本形成总额-固定资本形成总额	资本形成总额-存货变动	省际调出	出口	省际调入	进口	总产出
农业	3303304	5538558	224854	163949	569647	0	964	153964	2596927	2814706		332779	38863	-489297	10202485	88508	337687	13327	26321000
工业	5312921	58540929	9174049	2799436	1962619	452578	489920	4859901	4920879	10266661		0	13882281	2196745	26684776	4392716	34562425	2727287	105768900
建筑业	3899	50887	253014	60111	50510	16437	9595	71157	14101	292947		0	23568634	0	3688396	0	10035525	0	17195100
交通运输、仓储及邮电通信业	331879	2600712	1121752	1080215	702396	330529	60285	2113625	610596	1958288		1203819	33323	12838	603303	0	512516	0	12814900
批发、零售、住宿和餐饮业	819719	2637045	637206	457659	887412	188907	51203	1737374	1437619	2119248		0	354266	193349	1544415	0	239549	0	13353300
金融保险业	47919	768686	64507	168587	218383	138999	27152	502548	118377	1210289		25981	0	0	2908	0	9713	0	3435800
房地产业	37	75380	3207	34441	103702	18743	15666	269194	922738	2063619		0	481917	0	141297	0	110915	0	4204000
其他服务业	236123	1798003	310810	268302	509031	172207	223015	1839437	1721189	3594980		11302310	67627	0	3725494	0	393953	0	26542200
中间投入合计	10055800	72010200	11789400	5032700	5003700	1318400	877800	11547200	12342427	24320739		12864889	38426910	1913635	46593074	4481224	46202283	2740614	209635200
劳动者报酬	16025100	9302440	2375800	1614100	2700900	748100	285100	8070600											
生产税净额	33700	8481178	568400	579800	1255900	260000	358500	487300											
固定资产折旧	206400	4504435	208800	2504800	623600	85500	2684400	1451000											
营业盈余	0	11470647	2252700	3083500	3769200	1023800	-1800	4986100											
增加值合计	16265200	33758700	5405700	7782200	8349600	2117400	3326200	14995000											
总投入	26321000	105768900	17195100	12814900	13353300	3435800	4204000	26542200											

表 2-7-19　2007年具有四列贸易数据的投入产出表——广东

单位：万元

投入\产出		中间使用							最终使用							进口	总产出
		农业	工业	建筑业	交通运输、仓储及邮电通信业	批发、零售、住宿和餐饮业	金融保险业	房地产业	其他服务业	最终消费			资本形成总额		省际调出	出口	省际调入		
										居民消费		政府消费	固定资本形成总额	存货变动				
										农村居民消费	城市居民消费							
中间投入	农业	3414892	14153201	536235	9675	2332988	0	0	417263	4472019	21424312	239930	206399	-213070	307059	749725	19343762	1707599	28212400
	工业	6302148	470892630	26660351	11686603	7150214	790590	1174730	18638971	4775669	28406410	0	31075066	15642661	168559032	224434436	153823426	173956802	685020315
	建筑业	5854	148974	0	124536	111021	23881	356050	348487	0	844842	0	43962914	0	0	0	656718	0	43134393
	交通运输、仓储及邮电通信业	754373	12034377	1579087	3339583	1799646	1969410	278887	3006479	1213896	8574708	0	2285715	89506	2012115	5344007	2897381	0	43278794
	批发、零售、住宿和餐饮业	205984	12156124	1228893	1506693	1551677	404893	435652	2816284	1420764	13779072	0	2421302	286111	8146346	9047824	5331651	0	52380718
	金融保险业	451944	7207895	403205	2272269	1001963	6489354	1761628	2701593	894938	4918178	0	0	0	0	0	0	0	29396409
	房地产业	28636	4555412	6961	711996	2508070	246087	347391	627386	1454876	8433867	0	6392483	0	0	0	0	0	26478208
	其他服务业	92871	13331808	2428865	1816388	4563654	1490007	709171	2533607	745384	6738868	31069507	23659	0	40273	754515	0	5085	69165976
	中间投入合计	11256700	534480421	32843596	21467743	21019234	11414222	5063509	31090070	14977547	93120258	31309437	86367538	15805208	179064826	240330508	182052939	175669486	9770667213
增加值	劳动者报酬	16842400	56117400	5536250	4489272	8059315	5132829	2868881	21488183		14977547								
	生产税净额	0	24609200	1708428	1439391	5046322	3000485	2980575	1358154										
	固定资产折旧	113300	20803700	665921	6284397	2269977	323450	9342846	5785004										
	营业盈余	0	49009594	2380198	9597990	15985870	9525422	6222396	9444566										
	增加值合计	16955700	150539894	10290796	21811050	31361484	17982186	21414699	38075906										
总投入		28212400	685020315	43134393	43278794	52380718	29396409	26478208	69165976										

表 2-7-20　2007年具有四列贸易数据的投入产出表——广西

单位：万元

投入\产出		中间使用								最终使用						省际调入	进口	总产出
		农业	工业	建筑业	交通运输、仓储及邮电通信业	批发、零售、住宿和餐饮业	金融保险业	房地产业	其他服务业	最终消费			资本形成总额		省际调出	出口			
										居民消费		政府消费	固定资本形成总额	存货变动					
										农村居民消费	城市居民消费								
中间投入	农业	2952739	5274087	38412	157145	275567	0	163	967	1974686	2514746	92011	91417	541856	6836310	204785	558349	1005658	20262157
	工业	4075493	33892585	6889642	1744197	879728	373964	254949	2685336	2878158	5812296	0	8649919	696118	23997826	3336181	26008065	2101502	66592538
	建筑业	0	27849	54663	37273	30727	45377	39420	50435	0	213311	0	14560042	0	269043	529	2248319	227	12460596
	交通运输、仓储及邮电通信业	271365	1688883	907081	622753	412286	204458	68680	509557	524476	1254900	265096	187176	215816	1990854	205353	1479353	61460	8146360
	批发、零售、住宿和餐饮业	377872	2959658	816027	147694	188570	120904	102195	695209	847156	1364043	0	256648	847491	3176480	432953	3380411	0	9198903
	金融保险业	84394	900778	83132	355349	176902	143285	94726	195730	369805	706097	961	0	0	131801	1931	683343	873	2678530
	房地产业	554	29732	4403	30874	138993	64802	30910	116114	554020	950056	0	2337236	0	76732	0	1125720	0	3164459
	其他服务业	86243	884944	315437	200232	370542	222259	178962	660986	872100	2330784	8114493	48266	0	570543	57730	3084760	41294	12329985
	中间投入合计	7848660	45658518	9108796	3295518	2473316	1175049	770005	4914334	8020401	15146233	8472560	26130704	2301281	37049589	4239461	38568320	3211015	134833528
增加值	劳动者报酬	12185286	3714094	1730900	2457283	1009392	601886	201925	5681034										
	生产税净额	-1084460	3102496	150400	609193	19112648	385341	293466	199370										
	固定资产折旧	228211	1882757	391100	1050349	403704	94099	1696824	692556										
	营业盈余	1084460	12234673	1079400	734017	3399843	422155	202239	842691										
	增加值合计	12413497	20934020	3351800	4850842	6725587	1503481	2394454	7415651										
总投入		20262157	66592538	12460596	8146360	9198903	2678530	3164459	12329985										

表 2-7-21　2007年具有四列贸易数据的投入产出表——海南

单位：万元

投入\产出		农业	工业	建筑业	交通运输、仓储及邮电通信业	批发、零售、住宿和餐饮业	金融保险业	房地产业	其他服务业	最终消费 农村居民消费	最终消费 城市居民消费	政府消费	资本形成总额 固定资本形成总额	资本形成总额 存货变动	省际调出	出口	省际调入	进口	总产出
中间投入	农业	1016468	986514	246252	5900	181106	0	0	87421	454826	637291	136427	158608	119896	1583018	208264	71465	40311	5483200
	工业	494850	5816677	2081561	1368931	230548	73289	12334	559657	514465	767207	0	536351	381885	2493930	1079788	2266510	2403557	11261578
	建筑业	49942	3466	0	10264	16842	7278	63920	20033	3711	8956	0	4255780	0	0	4	230	86	4252600
	交通运输、仓储及邮电通信业	167678	619630	491459	428011	213787	47715	10785	246675	94607	318543	78426	11379	33488	1126689	179199	540848	33175	3349320
	批发、零售、住宿和餐饮业	139377	384760	173694	175711	84056	48022	17803	341729	200288	444600	0	63386	32557	478563	184105	415887	213	2253399
	金融保险业	1833	262144	41512	78674	15977	946	3397	23454	17198	29659	1899	0	0	24746	180	48038	385	434700
	房地产业	81	50932	7422	16087	4683	1075	2130	81037	58471	219368	0	86838	0	89194	0	0	0	591300
	其他服务业	2272	342176	351800	99142	155601	31975	23131	101292	97990	407990	1656213	0	0	246661	127894	305319	187517	3024600
	中间投入合计	1872500	8466300	3393700	2182720	902600	210300	133500	1461300	1441555	2833614	1872965	5112341	567826	6042800	1779434	3648298	2665244	30650697
增加值	劳动者报酬	2437300	448200	426600	251500	312400	116000	65900	1070200										
	生产税净额	0	879700	109900	120900	174099	74400	40600	46600										
	固定资产折旧	710800	492700	33100	397400	149100	8100	342500	224400										
	营业盈余	462600	974678	289300	396800	715200	25900	8800	222100										
	增加值合计	3610700	2795278	858900	1166600	1350799	224400	457800	1563300										
总投入		5483200	11261578	4252600	3349320	2253399	434700	591300	3024600										

表 2-7-22 2007年具有四列贸易数据的投入产出表——重庆

单位：万元

投入\产出		农业	工业	建筑业	交通运输、仓储及邮电通信业	批发、零售、住宿和餐饮业	金融保险业	房地产业	其他服务业	最终消费 居民消费 农村居民消费	最终消费 居民消费 城市居民消费	最终消费 政府消费	资本形成总额 固定资本形成总额	资本形成总额 存货变动	省际调出	出口	省际调入	进口	总产出
中间使用	农业	1164898	1435669	157794	170361	269533	0	0	53021	952981	1624578	55140	1204718	146476	1470578	52705	1806106	55056	7207200
	工业	674026	37884991	7989231	1811873	1511795	286998	109034	2250222	1655248	6334460	0	6185830	605384	14737034	2599247	20903115	1986299	61064677
	建筑业	0	27210	0	26826	63638	4994	5913	55294	5314	133729	0	12309776	91639	1097725	100826	134950	4	13196800
	交通运输、仓储及邮电通信业	31365	1328391	602071	322761	444695	112162	20820	520452	192716	1031878	60787	2114111	31082	875733	19408	954341	39969	6990900
	批发、零售、住宿和餐饮业	511496	1606171	315219	175438	493682	129411	31119	743493	269375	1365683	0	311231	77278	2476514	0	563915	0	8064800
	金融保险业	0	637829	225002	444086	123562	6635	35920	751772	323917	473216	247	0	0	228271	553	1410294	2138	1923200
	房地产业	0	47028	1067	11233	147914	35836	2670	54898	31754	105304	0	1065934	0	0	0	0	0	1506100
	其他服务业	0	976805	699667	153828	417339	118597	47858	526169	452776	1932614	5243326	442742	0	802176	266548	1623466	278829	10646600
	中间投入合计	2381785	43944095	9990051	3116406	3472158	694632	253334	4955319	3884082	13001462	5359499	23634343	951858	21688031	3039286	27396185	2362295	110600276
增加值	劳动者报酬	4719530	4972075	2132673	1353485	1004542	394984	286956	3909929										
	生产税净额	0	3931568	422203	407431	703267	136722	305926	129370										
	固定资产折旧	103162	1965756	160720	919373	258197	47615	83793	584237										
	营业盈余	2724	6251183	491152	1194205	2626637	649247	576091	1067745										
	增加值合计	4825415	17120582	3206749	3874494	4592642	1228568	1252766	5691280										
总投入		7207200	61064677	13196800	6990900	8064800	1923200	1506100	10646600										

表 2-7-23　2007 年具有四列贸易数据的投入产出表——四川

单位：万元

投入＼产出	农业	工业	建筑业	交通运输、仓储及邮电通信业	批发、零售、住宿和餐饮业	金融保险业	房地产业	其他服务业	农村居民消费	城市居民消费	政府消费	固定资本形成总额	存货变动	省际调出	出口	省际调入	进口	总产出
农业	6297354	8526313	24862	18824	997839	0	0	79747	5055044	3308612	174512	784800	1506907	4740644	113712	445052	74312	32507636
工业	4816506	56195622	17196908	3812747	3857092	492532	570382	5508084	5034165	12500968	0	16803048	127874	22997197	4852717	28245212	4629739	120273033
建筑业	28	43172	0	102592	162345	23077	17878	204298	0	166815	0	27962336	0	0	0	0	0	27435310
交通运输、仓储及邮电通信业	133827	4018816	778232	1488261	3044220	467024	52709	1633638	464691	2007540	265881	200372	14116	395650	900	38503	0	14916562
批发、零售、住宿和餐饮业	722238	7594583	1606641	644115	1086219	480176	102505	2201150	1380481	2865396	0	800508	212389	387686	0	0	0	20400500
金融保险业	80607	2300808	264984	1034963	676497	36555	157318	658277	57760	367475	99	0	0	4346	0	109365	0	5551583
房地产业	24	36457	1934	36470	145817	38728	4670	139938	1052292	1380087	0	1954641	0	0	0	0	0	4992018
其他服务业	137052	2418061	287949	496291	1085571	422391	118127	1997316	1988758	3441068	12779586	0	0	594656	0	150544	0	26574720
中间投入合计	12187636	81133833	20161510	7634262	11055600	1960483	1023589	12441447	15033191	26037962	13220078	48505704	1861285	29120179	4967329	28988677	4704051	252651361
劳动者报酬	17762400	12362801	3090000	1784852	1816400	1096000	640978	9487869										
生产税净额	610700	7495899	624200	713792	1742700	346200	599781	384627										
固定资产折旧	551400	9827600	328200	1865835	937500	404100	2367753	1607011										
营业盈余	1395500	9452899	3231400	2917820	4848300	1744800	359916	2653765										
增加值合计	20320000	39139200	7273800	7282300	9344900	3591100	3968428	14133272										
总投入	32507636	120273033	27435310	14916562	20400500	5551583	4992018	26574720										

表 2-7-24 2007年具有四列贸易数据的投入产出表——贵州

单位：万元

投入\产出	农业	工业	建筑业	交通运输、仓储及邮电通信业	批发、零售、住宿和餐饮业	金融保险业	房地产业	其他服务业	中间使用合计	农村居民消费	城市居民消费	政府消费	固定资本形成总额	存货变动	省际调出	出口	省际调入	进口	总产出
农业	1050294	1084505	3108	55370	176875	0	16117	6369	2596359	1990998	1218024	209239	94392	157909	1052113	6171	420200	30836	6970166
工业	1094475	15555548	3355507	839842	616187	111588	84017	1357983	23015147	1489543	4132074	0	4618326	403005	14397311	1457096	15793321	841256	32046905
建筑业	0	16803	0	35811	32198	6243	7172	24872	123099	21223	108441	0	7832767	0	151971	0	2275849	0	5728626
交通运输、仓储及邮电通信业	111936	1877219	295034	290389	321165	87475	15019	315705	3313942	280102	894661	82452	188459	24976	920409	0	988727	0	4933344
批发、零售、住宿和餐饮业	180137	1453476	319838	210997	339551	105296	24955	508795	3143045	380454	1328833	0	184191	64404	686599	0	1545460	0	4385953
金融保险业	8179	868255	60973	865518	108384	9587	31195	219325	2171416	92575	230311	30	0	0	142608	0	1186588	0	1517104
房地产业	186	31506	1639	21409	110541	15820	3022	72398	256521	342699	520943	0	109854	0	78356	0	63662	0	1301997
其他服务业	61152	784299	287307	210053	296447	83810	68302	360192	2151562	391589	1332192	4539073	28052	0	863427	0	2184720	0	7400508
中间投入合计	2506359	21671611	4323406	2529389	2001346	419818	249798	2865638	37566365	4989183	9765480	4830795	13056041	650294	18292795	1463267	24458526	872092	64284603
劳动者报酬	3296522	2601740	800917	622110	523595	339670	125188	3539017											
生产税净额	0	2337605	193477	267662	472098	168888	135774	102628											
固定资产折旧	207567	1358109	88497	588424	231468	68667	813853	424484											
营业盈余	959718	4077841	322329	925759	1157446	523061	-22616	468741											
增加值合计	4463807	10375294	1405220	2403955	2384607	1097286	1052199	4534870											
总投入	6970166	32046905	5728626	4933344	4385953	1517104	1301997	7400508											

表 2-7-25　2007年具有四列贸易数据的投入产出表——云南

单位：万元

投入\产出	农业	工业	建筑业	交通运输、仓储及邮电通信业	批发、零售、住宿和餐饮业	金融保险业	房地产业	其他服务业	农村居民消费	城市居民消费	政府消费	固定资本形成总额	存货变动	省际调出	出口	省际调入	进口	总产出
农业	2276536	2243946	49948	168090	372443	0	999	27006	2372221	2646092	0	1873309	475163	1286429	224531	1082622	189722	13317000
工业	2303903	22529998	7246266	2189045	1031026	466593	156451	3176972	2450404	4458535	0	7470775	-266898	26507465	1358322	23910276	5820897	50362272
建筑业	5042	9433	1058053	28091	52912	14059	7830	62745	704924	273655	0	11227464	0	0	0	0	0	14020800
交通运输、仓储及邮电通信业	36065	3078588	1015164	364509	440558	231996	12555	1164871	266323	910440	0	0	0	771909	18382	1632961	13767	6720000
批发、零售、住宿和餐饮业	306579	2747505	375018	315742	218892	134657	28627	926967	561600	1159089	0	0	0	2088864	163066	1385986	108716	7283300
金融保险业	578	1305454	394598	131051	108061	18031	41356	292094	168178	321631	0	0	12278	153266	1045	0	0	2950900
房地产业	18	15626	120842	47053	160420	80769	8236	59801	576241	1081133	0	0	0	126625	0	0	0	2260000
其他服务业	14779	1146950	367911	346319	381088	312295	82746	909744	880693	1683340	8478854	0	0	659383	44359	1216499	53809	13887100
中间投入合计	4943500	33076600	10627800	3589900	2765400	1258200	338800	6620200	7980585	12533915	8478854	20571548	220542	31593941	1809760	29228343	6186911	110801372
劳动者报酬	7911500	3546600	1829100	909100	1022900	494300	139400	5328900										
生产税净额	203400	7057800	503300	336600	878000	236000	218700	293000										
固定资产折旧	258600	2304400	338600	807500	393600	64300	1416300	869500										
营业盈余	0	4376872	722000	1076900	2223400	898100	146800	775500										
增加值合计	8373500	17285672	3393000	3130100	4517900	1692700	1921200	7266900										
总投入	13317000	50362272	14020800	6720000	7283300	2950900	2260000	13887100										

表 2-7-26　2007 年具有四列贸易数据的投入产出表——陕西

单位：万元

投入＼产出	农业	工业	建筑业	交通运输、仓储及邮电通信业	批发、零售、住宿和餐饮业	金融保险业	房地产业	其他服务业	农村居民消费	城市居民消费	政府消费	固定资本形成总额	存货变动	省际调出	出口	省际调入	进口	总产出
农业	1430197	1832833	157677	58	189024	0	0	22000	759078	1241587	119424	3014655	22980	5010113	82556	4223372	61535	10028500
工业	2158503	35064290	10428429	2690327	1187148	411727	64171	2829050	3493032	8197719	0	12548049	2218822	32118727	3739758	45290223	2133579	68869109
建筑业	7412	44894	0	16687	35824	36432	953	81090	62496	21496	0	12453095	0	14223772	0	10085415	0	16159100
交通运输、仓储及邮电通信业	53620	1093532	663194	472311	483219	258033	15943	508437	325806	1698259	490870	108307	30112	4253215	11725	2106458	0	8744900
批发、零售、住宿和餐饮业	17164	371488	25165	218143	163266	232949	15435	756579	481765	1253366	0	305559	39683	6175030	0	2465812	0	7939100
金融保险业	9889	705841	201587	402924	362814	39324	96614	199234	100733	1048768	0	0	0	724400	0	937420	0	3090700
房地产业	0	43555	466	94239	163641	103956	6645	155531	282098	384198	0	973847	0	1511294	0	1915439	0	1728000
其他服务业	128233	3168525	786689	321107	359364	253278	138739	514375	831511	1596709	3679069	0	0	4325896	0	4771043	0	11482096
中间投入合计	3805018	42324958	12263205	4215796	2944300	1335700	338500	5066296	6336520	15442102	4289363	29403512	2311597	68342445	3834040	71795182	2195114	128041505
劳动者报酬	4744857	7168403	1669357	1394125	1665399	406751	6707565	5620778										
生产税净额	100329	6004432	225888	574208	1978040	127968	4143388	128064										
固定资产折旧	480075	4062384	820623	1536971	289131	62529	2105801	279836										
营业盈余	898221	9308932	1180027	1023799	1062229	1157751	-11567254	387123										
增加值合计	6223482	26544151	3895895	4529104	4994800	1755000	1389500	6415800										
总投入	10028500	68869109	16159100	8744900	7939100	3090700	1728000	11482096										

表 2-7-27　2007年具有四列贸易数据的投入产出表——甘肃

单位：万元

投入\产出	农业	工业	建筑业	交通运输、仓储及邮电通信业	批发、零售、住宿和餐饮业	金融保险业	房地产业	其他服务业	农村居民消费	城市居民消费	政府消费	固定资本形成总额	存货变动	省际调出	出口	省际调入	进口	总产出
农业	667131	1035299	123221	204536	124807	0	672	29870	722536	1466342	270467	674768	383530	742480	236963	519664	62249	6374825
工业	1766919	18299434	5719200	1138763	591100	169018	208796	1415641	1948727	3154408	0	550031	716500	12937649	994415	14207085	2834223	31831241
建筑业	2	16963	0	55122	36612	5494	902	49228	0	167689	0	7910587	0	0	762856	0	139313	8894955
交通运输、仓储及邮电通信业	28523	557442	317088	266567	228395	103290	80616	234631	157876	476513	297705	657070	28042	0	1676501	0	640229	4530742
批发、零售、住宿和餐饮业	11979	153840	59918	103932	89086	91702	59239	317856	189756	801069	0	343853	89809	892133	693159	261832	16212	3746350
金融保险业	19232	371023	53669	119030	149794	8822	106784	62007	38083	209982	793	0	0	20831	8435	86103	2940	1109358
房地产业	0	20570	1293	19039	40674	25640	3161	56315	164941	364588	0	1013986	0	0	0	0	0	1788919
其他服务业	16630	570460	468665	125115	135283	89401	161165	216342	311939	881548	3516039	63469	0	412916	21968	733568	60358	6453452
中间投入合计	2510415	21025031	6743054	2032103	1395750	493366	621336	2381889	3533858	7522138	4085004	11213764	1217881	15006009	4394297	15808251	3755524	64729842
劳动者报酬	2716965	3724698	1333671	712954	465500	322252	114373	3187205										
生产税净额	0	2837461	350608	172124	563600	89899	46082	66816										
固定资产折旧	418774	1844479	164684	600129	222500	38924	991504	363941										
营业盈余	728671	2399571	302937	1013432	1099000	154917	15623	453601										
增加值合计	3864409	10806210	2151901	2498639	2350600	615992	1167583	4071563										
总投入	6374825	31831241	8894955	4530742	3746350	1109358	1788919	6453452										

表 2-7-28　2007 年具有四列贸易数据的投入产出表——青海

单位：万元

		中间使用							最终使用							
									最终消费				资本形成总额			
									居民消费							
投入	产出	农业	工业	建筑业	交通运输、仓储及邮电通信业	批发、零售、住宿和餐饮业	金融保险业	房地产业	其他服务业	农村居民消费	城市居民消费	政府消费	固定资本形成总额	存货变动	省际调出	出口	省际调入	进口	总产出
中间投入	农业	44081	85515	0	13	26623	0	0	20694	131223	163610	205097	208657	1063	217541	122123	26036	109	1212600
	工业	298240	5084943	1677710	394369	241172	210585	17035	496229	152271	358118	0	1574956	85376	981740	546159	2510923	188736	9275700
	建筑业	462	2328	0	20153	12630	20063	0	20586	185317	555342	0	2073347	0	629	0	89401	0	2853100
	交通运输、仓储及邮电通信业	13391	250595	82495	60734	79616	62057	5879	74687	39739	82763	0	466752	18352	108046	9772	124505	0	1240200
	批发、零售、住宿和餐饮业	2400	87742	18515	24612	44652	48731	12892	73522	196394	399492	0	150739	52254	5365	0	65148	1454	1076900
	金融保险业	79	185919	278474	73222	20727	11678	3100	39287	26803	81116	0	0	0	0	0	12400	0	712000
	房地产业	3	24101	8113	8477	33402	29979	14769	25906	7225	17959	18300	124793	0	10799	0	63426	0	228600
	其他服务业	19845	109357	42694	29720	38078	52207	5126	64989	43663	191767	162500	41374	0	10799	0	646703	0	2109600
	中间投入合计	378500	5830500	2108000	611300	496900	435300	58800	815900	782637	1850167	2064606	4640618	157045	1324120	678053	3538542	190299	18708700
增加值	劳动者报酬	771100	903868	455400	323000	228700	112800	20900	1063000										
	生产税净额	0	635249	119800	49400	100800	53300	18500	18300										
	固定资产折旧	63000	773628	87000	196300	41400	13100	149800	162500										
	营业盈余	0	1132456	82900	60200	209100	97500	-19400	49900										
	增加值合计	834100	3445200	745100	628900	580000	276700	169800	1297700										
总投入		1212600	9275700	2853100	1240200	1076900	712000	228600	2109600										

表2-7-29　2007年具有四列贸易数据的投入产出表——宁夏

单位：万元

投入＼产出		中间使用								最终使用							总产出
		农业	工业	建筑业	交通运输、仓储及邮电通信业	批发、零售、住宿和餐饮业	金融保险业	房地产业	其他服务业	最终消费			资本形成总额		省际调出	出口	省际调入	进口
										居民消费		政府消费	固定资本形成总额	存货变动				
										农村居民消费	城市居民消费							
中间投入	农业	280174	617816	8478	1192	60719	0	0	602	127509	276856	24749	44891	109295	158540	152776	81790	0	1828899
	工业	539053	6263532	1513123	361466	314156	46231	150302	477854	399338	1040765	0	2015324	328899	4006481	1043942	5789456	339891	12043183
	建筑业	0	4945	0	12456	6370	3081	440	7931	39007	63300	0	2670292	32709	0	0	326548	6106	2537335
	交通运输、仓储及邮电通信业	16359	552591	152143	100229	89054	75031	26316	190800	66327	178984	49655	8402	56004	357908	1382	361539	465	1614380
	批发、零售、住宿和餐饮业	7968	195320	19253	187078	42312	11208	9008	65670	81287	183281	0	70089	9204	661448	16491	254338	0	1290277
	金融保险业	1584	238246	15226	58624	20303	916	24533	37180	28911	124939	2223	0	0	191494	7	112831	52	660358
	房地产业	0	6745	639	13637	27236	1352	692	31535	56222	224098	0	1173461	0	70842	0	1223657	0	366668
	其他服务业	4882	291729	112473	54132	79934	24398	55240	106956	99226	366883	1648902	206	0	166969	4359	817869	19446	2267372
	中间投入合计	850022	8170924	1821335	788813	638084	162218	266532	918527	897827	2459106	1725529	5982664	536110	5613682	1218958	8968029	365960	22608472
增加值	劳动者报酬	914204	1194842	415500	241492	190095	150709	39653	896672										
	生产税净额	0	736869	72500	65502	162155	32872	60482	46750										
	固定资产折旧	51179	1097305	53000	187634	61881	34622	12898	290075										
	营业盈余	13493	843244	175000	330939	238063	279937	-12897	115348										
	增加值合计	978877	3872259	716000	825567	652194	498140	100136	1348845										
总投入		1828899	12043183	2537335	1614380	1290277	660358	366668	2267372										

表 2-7-30　2007 年具有四列贸易数据的投入产出表——新疆

单位：万元

投入＼产出		中间使用							最终使用						省际调入	进口	总产出
		农业	工业	建筑业	交通运输、仓储及邮电通信业	批发、零售、住宿和餐饮业	金融保险业	房地产业	其他服务业	最终消费			资本形成总额		省际调出	出口			
										居民消费		政府消费	固定资本形成总额	存货变动					
										农村居民消费	城市居民消费								
中间投入	农业	1594507	1765859	41263	342136	109926	0	0	0	542047	848778	50075	55186	-66955	3427989	1587848	63027	58300	10634622
	工业	2093492	16575125	5592843	1534788	459587	121123	69497	2342124	1064356	2659547	0	4214232	1165893	15650695	730967	15369343	1283984	36562425
	建筑业	454	24155	121318	52619	24594	7007	16774	104563	60064	0	0	11931323	0	1951	0	1189151	0	10664400
	交通运输、仓储及邮电通信业	197463	1496955	735442	236822	319949	82354	10261	628996	162412	706085	203926	44272	34270	2054588	33593	1265496	42631	5898810
	批发、零售、住宿和餐饮业	239954	1119545	179314	236808	125329	64748	23314	708827	216463	729999	0	550861	64582	1342672	476196	2119813	0	4116193
	金融保险业	28710	434050	51325	241518	175916	3296	16508	355491	113920	618294	3739	0	0	0	0	68936	0	2064679
	房地产业	0	15987	639	26198	41373	10942	13961	117646	162702	357259	0	927810	0	0	0	505917	0	1222384
	其他服务业	192862	1089318	1446314	699417	264086	193641	67488	729631	521960	1495771	6170797	36710	0	102174	0	3051986	0	10416510
	中间投入合计	4347442	22520994	8168457	3370307	1520760	483111	217803	4987279	2843925	7415733	6428537	17760394	1197790	22580068	2828604	23633668	1384915	81580023
增加值	劳动者报酬	6049205	3171557	1878350	1262264	790760	517528	191548	4378463										
	生产税净额	0	1863878	265456	272848	344360	256633	82506	161739										
	固定资产折旧	193601	2216663	130328	853142	181303	76208	441310	704683										
	营业盈余	44374	6789333	221808	140248	1279011	731198	289217	184346										
	增加值合计	6287180	14041431	2495943	2528503	2595433	1581568	1004581	5429231										
总投入		10634622	36562425	10664400	5898810	4116193	2064679	1222384	10416510										

三、估计八类商品的引力模型

根据铁道部公布的统计数据,可以获取 2007 年非金属矿石、钢铁及有色金属、金属矿石、焦炭、矿物性建筑材料、粮食、煤、石油等八类商品的省际铁路运输实物量。利用引力模型可以得出影响这八类商品贸易流量的主要影响因素,估计出其引力方程。然后依据产品的相似性,估算产品性质类似的部门的省际贸易流量。

公式(2.2)已经给出这里采用的引力模型的方程形式。本研究采用截面数据来估计各种产品的引力方程,根据中国省域数据的特征,估计引力模型所采用的数据如下:

(1) 某产品的区域间贸易流量——采用中国铁路行政区域间货物运输数据;

(2) 某地区某部门对国内市场的产品总供给及总需求——利用前文所得 IO 表中的数据进行计算:

$$对国内市场的总供给 = 总产出 - 出口$$
$$对国内市场的总需求 = 中间使用 + 最终消费 + 资本形成 - 进口$$

(3) 某地区地区生产总值占国内生产总值的比重——利用《中国统计年鉴2008》中相应数据计算;

(4) 地区之间的距离——采用省会城市之间的距离,数据来自当年中国铁路主要站点间货运里程表(部分缺少数据的城市采用客运里程或球面距离代替)。

估计出八类商品的引力方程如表 2-8 所示:

表 2-8　　　　　　　　　八类商品的引力方程估计结果

商品种类	引力方程的估计
金属矿石	$\ln \bar{f}_{s,r}^{k} = 6.308 + 0.222 \ln SP_s^k + 0.355 \ln GS_s - 1.134 \ln d_{s,r}$ $(5.064^{***})\ (2.705^{***})\ (3.160^{***})\ (-12.533^{***})$
非金属矿石	$\ln \bar{f}_{s,r}^{k} = 7.779 + 0.091 \ln SP_s^k + 0.362 \ln GS_r - 1.106 \ln d_{s,r}$ $(11.188^{***})\ (2.303^{**})\ (5.265^{***})\ (-19.142^{***})$
矿物性建筑材料	$\ln \bar{f}_{s,r}^{k} = 10.926 + 0.602 \ln SP_s^k - 0.751 \ln DM_r^k - 0.637 \ln GS_s + 0.842 \ln GS_r - 1.072 \ln d_{s,r}$ $(3.951^{***})\ (5.582^{***})\ (-4.556^{***})\ (-3.921^{***})\ (4.246^{***})\ (-19.529^{***})$
钢铁及有色金属	$\ln \bar{f}_{s,r}^{k} = -6.919 + 0.568 \ln SP_s^k + 0.325 \ln DM_r^k - 0.375 \ln GS_s - 0.704 \ln d_{s,r}$ $(-4.487^{***})\ (7.530^{***})\ (6.845^{***})\ (-4.266^{***})\ (-12.018^{***})$
焦炭	$\ln \bar{f}_{s,r}^{k} = 3.477 + 0.179 \ln SP_s^k + 0.218 \ln GS_s - 0.672 \ln d_{s,r}$ $(2.514^{**})\ (2.276^{**})\ (2.080^{**})\ (-7.383^{***})$

商品种类	引力方程的估计
煤	$\ln \bar{f}_{s,r}^{k} = 7.170 + 0.644 \ln SP_{s}^{k} - 1.340 \ln d_{s,r}$ $(7.550^{***})\ (7.823^{***})\ (-11.888^{***})$
石油	$\ln \bar{f}_{s,r}^{k} = 7.202 + 0.187 \ln SP_{s}^{k} - 0.896 \ln d_{s,r}$ $(10.214^{***})\ (3.715^{***})\ (-9.304^{***})$
粮食	$\ln \bar{f}_{s,r}^{k} = -4.583 + 0.752 \ln SP_{s}^{k} + 0.331 \ln DM_{r}^{k} + 0.244 \ln GS_{r} - 0.212 \ln d_{s,r}$ $(-4.110^{***})\ (11.232^{***})\ (2.580^{**})\ (2.161^{**})\ (-2.549^{**})$

注：各估计系数下方括号内为 T 统计值；
* 为 0.1 显著水平成立，** 为 0.05 显著水平成立，*** 为 0.01 显著水平成立。

四、初步估计省际贸易流量

依照商品的相似性，我们利用上述八类商品的引力方程估算农业及大部分工业中类似产品部门的省际贸易流量，八类商品与投入产出部门的对应关系如表 2–9 所示：

表 2–9　　　　　　　　八类商品与投入产出部门对照关系表

粮食	农业 食品制造及烟草加工业
煤	煤炭开采和洗选业
石油	石油和天然气开采业 化学工业
金属矿石	金属矿采选业
非金属矿石	非金属矿采选业
焦炭	石油加工、炼焦及核燃料加工业
矿物性建筑材料	非金属矿物制品业 纺织业 服装皮革羽绒及其制品业 木材加工及家具制造业 造纸印刷及文教用品制造业
钢铁及有色金属	金属冶炼及压延加工业 金属制品业 通用、专用设备制造业 交通运输设备制造业 电气机械及器材制造业 通信设备、计算机及其他电子设备制造业 仪器仪表及文化、办公用机械制造业 其他制造业 废品废料

上述初估省际贸易流量的方法适用于农业及大部分工业部门，对于水、电、气、建筑业以及服务业，由于其产品性质的特殊性，我们采用下述方法构建其初始贸易流量矩阵。基本思想是将某省区某部门产品的省际调出总量，按照一定的比例向其他各省分配，这一分配比例采用其他各省该部门产品的省际调入占全国该部门产品的省际调入累计值的比重。例如，部门 k 的初始贸易流量矩阵计算公式如下：

$$\bar{f}^k_{s,r} = (Ep)^k_s \frac{(Mp)^k_r}{\sum_i (Mp)^k_i} \tag{2.11}$$

式中，$(Ep)^k_s$ 表示地区 s 部门 k 的省际调出，$(Mp)^k_r$ 则表示地区 r 部门 k 的省际调入。

五、估计最终省际贸易流量矩阵

得到上述初始的省间贸易流量矩阵后，我们以第二步中估得的四列贸易数据（进口、出口、省际调入、省际调出）为约束，再次利用交叉熵模型进行调整，使得省间贸易流量矩阵的行（列）和与相应地区、相应部门的省际调出（入）相等，从而获得最终省间贸易流量矩阵。我们采用逐部门调整的方法，以下是第 k 部门的模型，其他部门与之类似。

$$\min(\sum_s \sum_r a^k_{s,r}(\ln a^k_{s,r} - \ln \bar{a}^k_{s,r})) \tag{2.12}$$

$$\text{Subject to} \quad A^k((Mp)^k)^T = (Ep)^k$$

$$\sum_s a^k_{s,r} = 1$$

$$0 \leq a^k_{s,r} \leq 1$$

其中，$\bar{a}^k_{s,r} = \bar{f}^k_{s,r} \big/ \sum_s \bar{f}^k_{s,r}$，是 $a^k_{s,r}$ 的初始值；Mp、Ep 的含义与前述相同。

通过上述一系列工作，我们最终得到中国 2007 年 30 省之间的贸易流量数据，表 2-10 给出估算所得的 i 部门的省际贸易流量示意。

表 2-10　　　　　　　　i 部门省际贸易流量示意

	北京	天津	河北	……	新疆	总调出
北京		$f^i_{1,2}$	$f^i_{1,3}$	……	$f^i_{1,30}$	Ep^i_1
天津	$f^i_{2,1}$		$f^i_{2,3}$	……	$f^i_{2,30}$	Ep^i_2
河北	$f^i_{3,1}$	$f^i_{3,2}$		……	$f^i_{3,30}$	Ep^i_3
⋮	⋮	⋮	⋮		⋮	
新疆	$f^i_{30,1}$	$f^i_{30,2}$	$f^i_{30,3}$	……		Ep^i_{30}
总调入	Mp^i_1	Mp^i_2	Mp^i_3	……	Mp^i_{30}	

第五节 地区扩展投入产出表构建结果

在估计 2007 年中国省际贸易流量的基础上，我们构建了 2007 年中国地区扩展投入产出表，该表包含中国大陆除西藏之外的 30 个省区，共有 42 个部门。具体的地区扩展投入产出表参见所附光盘。

参考文献

[1] 国家信息中心，中国区域间投入产出表．社会科学文献出版社，北京．2005.

[2] 李善同，齐舒畅，许召元，2002 年中国地区扩展投入产出表：编制与应用．经济科学出版社，北京．2010.

[3] 刘卫东，陈杰，唐志鹏，刘红光，韩丹，李方一，中国 2007 年 30 省区市区域间投入产出表编制理论与实践．中国统计出版社，北京．2012.

[4] 刘卫东，唐志鹏，陈杰，杨波，2010 年中国 30 省区市区域间投入产出表．中国统计出版社，北京．2014.

[5] 陈秀山，张若．中部地区省际产品贸易流量估算与空间分析 [J]．华中师范大学学报．2007，(7).

[6] 刘强，冈本信广．中国地区间投入产出模型的编制及其问题 [J]．统计研究．2002，(9).

[7] 石敏俊，张卓颖，中国省区间投入产出模型与省区间经济联系．科学出版社，北京．2012.

[8] 市村真一，王慧炯，中国经济区域间投入产出表．化学工业出版社，北京．2007.

[9] 许宪春，李善同，齐舒畅，葛新权，中国区域投入产出表的编制与分析（1997年）．清华大学出版社，北京．2008.

[10] 张亚雄，赵坤，陶丽萍．中国地区间投入产出模型编制方法研究 [A]．第五届中国投入产出学会年会会议论文集，2001.

[11] 张亚雄，齐舒畅，中国区域间投入产出表 2002、2007．中国统计出版社，北京．2012.

[12] Alonso, W., National Interregional Demographic Accounts: A Prototype. Monograph 17, Institute of Urban and Regional Development, University of California, Berkeley. 1973.

[13] Alonso, W., A theory of movements. In: Hansen NM (ed) Human settlement systems: international perspectives on structure, change and public policy. Ballinger, Cambridge, Massachusetts, 1978: 197 – 211.

[14] Amano K, Fujita M, A long run economic effect analysis of alternative transportation facility plans-regional and national. J Reg Sci 10: 1970: 297 – 323.

[15] Anderson, J. E. and E. Wincoop. Gravity with Gravitas: A Solution to the Border Puzzle. National Bureau of Economic Research Cambridge, Mass., USA. 2001.

[16] Benvenuti S C, Paniccià R. A multi-regional input-output model for Italy [M]. IRPET, 2003.

[17] Black, W. R. Interregional Commodity Flows: Some Experiments with the Gravity Model. Journal of Regional Science, 1972, 12 (1), 107-18.

[18] Black, WR. The Utility of the Gravity Model and Estimates of Its Parameters in Commodity Flow Studies, 1971: 28-32.

[19] Bröcker, J. Derivatives of Flows in a Doubly Constrained Gravity Model. Journal of Regional Science, 1990, 30 (2), 259-68.

[20] Cherubini L, Paniccià R. A multiregional structural analysis of a dualistic economy: the italian regions over a decade (1995—2006) [C] //XIX Conference of IIOA, Alexandria, USA. 2011.

[21] Chisholm M, O' Sullivan P., Freight flows and spatial aspects of the British economy. New York and London: Cambridge University Press. 1973.

[22] Dodd, S. C. The Interactance Hypothesis: A Gravity Model Fitting Physical Masses and Human Groups. American Sociological Review, 1950, 15 (2), 245-56.

[23] Eriksen, P. S., Context specific interaction models. Alborg University, Denmark. 1999.

[24] Forssell, U., Ljung, L., Closed-loop identification revisited, Automatica. 1999, 35: 1215-1241.

[25] Ihara, T., An economic analysis of interregional commodity flows. Environment and Planning, 1979, 11, 1115-28.

[26] Ihara, T., Economic Analysis on Region. Chuo-keizai-sya, Tokyo. 1996.

[27] Lauritzen, S. Causal Inference from Graphical Models. Complex stochastic systems, 63. C107. 2001.

[28] Meng, B., A. Ando, An economic derivation of trade coefficients under the framework of multi-regional IO analysis, IDE Discussion Paper, 2005, 29.

[29] Moses, L. N. The Stability of Interregional Trading Patterns and Input-Output Analysis. The American economic review, 1955, 45 (5), 803-26.

[30] Nijkamp, P.; A. Reggiani and T. Tritapepe. Spatial Choice Behaviour: Logit Models and Neural Network Analysis. The Annals of Regional Science, 1997, 31 (4), 411-29.

[31] Pierre A. Généreux and Brent Langen., The Derivation of Provincial (Inter-regional) Trade Flows: The Canadian Experience, Paper prepared for presentation at the 14th International Input-Output Techniques Conference, held October 10 to 15, at the Université du Québec à Montréal, Montréal, Canada. 2002.

[32] Poncet, S. Measuring Chinese Domestic and International Integration. China Economic Review, 2003, 14 (1), 1-21.

[33] Reed, W., Areal Interaction in India: Commodity Flows of theBengal-Bihar Industrial Area, Research Paper No. 110, Department of Geography the University of Chicago, Chicago. 1967.

[34] Shinichi Ichimura and Hui-Jiong Wang, Interregional Input-Output Analysis of the Chinese Economy, World Scientific Publishing Co., Singapore, 2003

［35］Stewart, J. Q. Demographic Gravitation: Evidence and Applications. Sociometry, 1948, 11 (1/2), 31-58.

［36］Whittaker, J., Graphical models in Applied Multivariate Statistics. West Sussex, England: John Wiley & Sons Ltd. 1990.

［37］Wilson, A. G. A Statistical Theory of Spatial Distribution Models. Transportation Research, 1967, 1 (3), 253-69.

［38］Yamashita, J., Spatial Interaction and Spatial Structure. A Study of Public Facility Location, Meddelanden fran Lunds Universitets Geografiska institutioner, avhandlingar, 1995, 123.

第三章　中国省际贸易的演变趋势、特征与展望

与国际贸易汗牛充栋的研究相比，由于省际贸易统计数据的缺乏，长期以来经济学界对省际贸易的研究相对较少。然而，省际贸易对一国经济的重要性并不能因为经济全球化受到丝毫的忽视，特别是对于中国这样的大国经济来说，省际贸易在某种程度上比国际贸易更重要，这是因为：第一，省际贸易是一国经济的"晴雨表"，省际贸易的规模反映了一国不同省份间的一体化程度；省际贸易的模式反映了一国不同省份间的比较优势；省际贸易的流向反映了一国不同省份间的分工网络。第二，省际贸易体现的是各省之间的分工与专业化水平。斯密定理指出，市场的大小决定分工的程度，而分工是经济增长的源泉。通过发展省际贸易形成密切的省际协作循环体系，可以扩大市场规模，促进分工程度深化进而推动中国经济的可持续增长。第三，省际贸易有助于发挥各省间经济影响的反馈与溢出效应，建立各省之间直接与间接的技术经济联系，从而推动区域经济协调发展。第四，省际贸易是扩大内需的重要渠道。与国际贸易相比，省际贸易的"边界效应（border effect）"较小（Wall，2000）。当一国面临本币升值、贸易保护主义和比较优势消失等因素时，发展省际贸易、扩大国内需求就是一条贸易成本较低的选择路径。第五，省际贸易是实施"决战于国内，决胜于国外"战略的重要方式。通过省际贸易，可以发现更内行和挑剔的国内顾客，构建不同省份之间产业的关联，培育更多的国内竞争对手，从而提升一国的国家竞争优势，最终参与全球竞争，此过程可称为"决战于国内，决胜于国外"。

学界对中国省际贸易的状况展开研究的文献主要有：陈家海（1996）利用中国25个省1987年的投入产出表考察了一个省对其他省份的"贸易依存度"。从"流出"方面看，25个省的合计流出额占GDP的比重高达51.4%，如果扣除向国外的出口合计数所占的比重9.9%，省际贸易的依存度仍高达41.5%。Naughton（1999）基于1987年和1992年中国的省际投入产出表，发现从1987年到1992年省际工业品的贸易流量有所增长，特别是制造业内部各行业间的贸易占据主导地位。Poncet（2003）采集了中国1987年、1992年和1997年地区投入产出表的数据，计算后发现从1987年到1997年间，省际贸易占GDP总额和贸易总额的比重显著降低。钱勇生和张孝远（2007）通过分析1988~2004年省际铁路货物运输的数据，发现东部省区对中西部货运联系的范围在扩大；而中西部省区货运联系的重点明显向南和向东转移。李善同等（2008）基于国家税务总局金税工程数据，对2003~2005年中国省际贸易进行了研究，发现省际贸易呈现一定的空间相关性；且省际贸易联系出现集聚的趋势，在全国形成了若干贸易区。许召元和李善同（2009）利用中国2002年30个省（自治区或直辖市）的投入产出表和省际间铁路运输的数据，对中国省际间42种商品和服务的贸易进行了估算，并据此对区域间贸易、中国经济分区等问题进行了分析。徐现

祥和李郇（2012）采用 1985~2008 年中国省际双边铁路货运贸易数据发现，外需导向的省际贸易主要受外贸的影响，内需导向的省际贸易主要受国内贸易成本的影响，中国的省际贸易被纳入了全球经济循环，产生为外贸而进行内贸的省际贸易。既有文献采用的贸易数据要么是时间跨度不长，要么是覆盖面不全，使得对中国省际贸易的研究还有待深化与拓展。

为了全面系统考察中国省际贸易的变迁，本章采用中国 1987 年、1992 年、1997 年、2002 年和 2007 年 30 个省、自治区和直辖市的投入产出表，这样就使得本研究具有如下特点：第一，时间跨度长，从 1987 年到 2007 年，基本可以反映中国省际贸易自改革开放以来的演变状况。第二，覆盖面全，投入产出表的编制包括全社会，从而覆盖了整个经济活动的方方面面。第三，可比性强，由于采用数据均来自历年的投入产出表，保持了统计口径的一致性，便于研究结果的对比分析。

第一节　指标定义与数据说明

一、指标定义

调出与调入：对于一国的某省来说，其对外贸易可分为两个部分：一部分是该省与本国其他地区的省际贸易，即省际调出和省际调入；另一部分是该地区与国外的国际贸易，本书在此统称为出口和进口。该地区的省际调出和出口之和本书在此统称为调出，该地区的省际调入和进口之和本书在此统称为调入。

省际贸易集中度：最大 5 个省份的省际贸易额占全部省份省际贸易额的比重。

省际贸易依存度：某省的省际调入和调出与该省增加值之比。

省际贸易比重：某省的省际调入和调出与该省总调入和调出之比。

省际贸易盈余：若省际调出大于省际调入，称为省际贸易顺差；若省际调出小于省际调入，称为省际贸易逆差。

二、数据说明

本章使用的数据来自中国省际投入产出表，共包括 1987 年、1992 年、1997 年、2002 年和 2007 年五个年份。原属广东省的海南行政区在 1988 年升级为海南省，原属四川省的重庆行政区在 1997 年升级为重庆直辖市，青海省没有编制 1987 年的投入产出表，再去除西藏，本书最终使用的 1987 年地区投入产出表共有 27 张，1992 年地区投入产出表共有 29 张，1997 年、2002 年、2007 年地区投入产出表均有 30 张。本书使用的投入产出表涉及 22 个省、4 个自治区和 4 个直辖市，为了行文方便，本章统称为省份。

由于部分省份的投入产出表没有将调出项拆分为省际调出和出口，也没有将调入项拆分为省际调入和进口，只提供了调出项和调入项，本书将采用《新中国六十年统计资料汇编》和《中国统计年鉴》各省的进出口数据，将调出项和调入项进行拆分。

在拆分调出项和调入项时，需要分省的服务进出口数据，但目前难以获得口径一致的分省服务进出口数据，本章第二节前五部分在进行省际贸易集中度、依存度等分析时所采用的贸易数据口径均为货物贸易，不包括服务贸易；而第六部分中国省际贸易结构分析时则包含了服务贸易。

第二节 中国省际贸易的变化趋势及特征

一、中国省际贸易流量概述

1987年中国省际贸易总额为1.01万亿元，1997年增加到6.80万亿元，2007年进一步增加到29.27万亿元，20年间增加了29倍，每5年平均增长率为143%。2007年中国国际贸易总额为14.48万亿元，占世界货物贸易总额的7.8%，居于世界第三位。两相比较，2007年中国的省际贸易总额仍是国际贸易总额的2倍。预计随着中国国际贸易增速放缓、扩大内需战略的实施，中国省际贸易相对于国际贸易的规模将进一步扩大。

分区域[①]来看（图3-1），东部地区省际贸易流量占全国的比重在5个年份均超过50%，始终是省际贸易的主体；中部地区省际贸易流量占全国的比重从1992年开始逐年下降；西部地区省际贸易流量占全国的比重在5个年份则呈现上升的趋势。

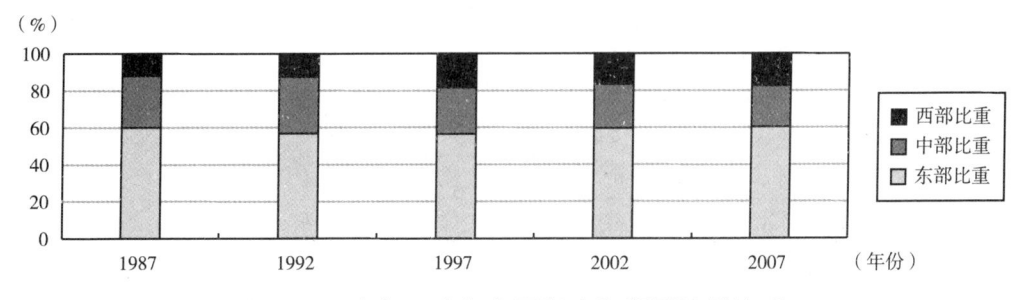

图3-1 东部、中部和西部省际贸易流量比重

国际贸易的引力模型表明，两国的贸易规模与两国的GDP成正比，与两国间的距离成反比。在图3-2中，东部地区GDP占全国比重逐年增加，且比重均在50%以上，而中部地区和西部地区GDP占全国比重则存在下降趋势。这表明，东部地区省际贸易的主体地位与其GDP的主体地位密切相关；中部地区省际贸易比重的下降趋势反映了其GDP比重的下降趋势。再从距离看，中部地区从地理位置看处于全国的中心地区，便于和周边省份发生更多的省际贸易联系，图3-1却显示中部地区省际贸易比重存在下降的趋势。事实上，虽然和珠三角、长三角和京津冀三个经济中心区相隔很远，但中部和西部地区最主要的省际贸易伙伴几乎全部是这三个中心地区（许召元和李善同，2009）。综上所述，对于中国的省际贸易来说，GDP的影响可能大于距离的影响。

[①] 东部地区包括北京、天津、河北、辽宁、上海、江苏、浙江、福建、山东、广东和海南；中部地区包括山西、吉林、黑龙江、安徽、江西、河南、湖北和湖南；西部地区包括内蒙古、广西、重庆、四川、贵州、云南、陕西、甘肃、青海、宁夏和新疆。

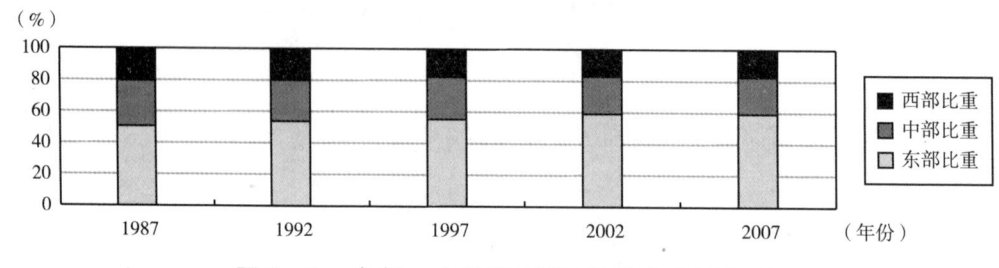

图 3-2 东部、中部和西部 GDP 占全国比重

表 3-1 罗列了五个年份省际贸易流量和 GDP 在全国排名前五位的省份。通过观察比较可以发现，省际贸易流量排名前五位的省份大多属于东部地区，而西部地区没有一个省份进入前五位。江苏和广东是每个年份均进入前五位的省份。结合 GDP 进行分析可以发现，省际贸易流量和 GDP 在全国排名前五位的省份的重合率随着时间推移不断上升的趋势。这说明 GDP 在中国省际贸易中发挥的作用越来越大。

表 3-1　　　　　　　省际贸易流量和 GDP 排名前五位的省份

年份	省际贸易流量	GDP	重合率
1987	上海、江苏、浙江、河南、广东	江苏、山东、四川、广东、辽宁	40%
1992	江苏、河北、广东、山东、上海	广东、山东、江苏、四川、辽宁	60%
1997	江苏、广东、河北、山东、安徽	广东、江苏、山东、浙江、河南	60%
2002	浙江、广东、河北、江苏、山东	广东、江苏、山东、浙江、河南	80%
2007	广东、河北、江苏、浙江、河南	广东、江苏、山东、浙江、河南	80%

从标准差/均值这一指标来看，在 1987 年、1992 年、1997 年、2002 年和 2007 年，省际贸易流量的标准差/均值分别为 0.740、0.945、0.806、0.770 和 0.881，总体表现出上升趋势，说明各省的省际贸易流量的差异程度变得更大。

二、中国省际贸易集中度

自 1987 年以来，省际贸易的分布始终保持着很高的集中化趋势。1987 年、1992 年、1997 年、2002 年和 2007 年，省际贸易前五位省份占全部省份省际贸易额的比重分别为 40.2%、45.1%、41.1%、39.9% 和 43.3%，中国省际贸易最发达的 5 个省份占据了省际贸易的 40% 左右，其余的 60% 则来自其他 25 个省份。省际贸易的集中化趋势说明，尽管省际贸易的总量迅速增加，但省际贸易活动始终集中在少数的省份。

结合 GDP 来看，五个年份中 GDP 前五位省份占全国的比重分别为 36.7%、37.8%、38.2%、40.2% 和 42.2%，逐年稳步上升。再结合表 3-1，我们认为，省际贸易集中度和 GDP 集中度的高度重合，符合引力模型的逻辑，说明 GDP 的规模在中国省际贸易中发挥着重要的影响。

省际贸易集聚在东部地区，且维持着很高的集中度，一方面反映了东部地区是产业活动的集聚地，另一方面表明我国已逐步形成了以东部省份为中心的省际贸易区。

三、中国省际贸易依存度

从全国范围来看（图3-3），1987年27个省份的省际贸易依存度均值为90.4%，2007年30个省份的省际贸易依存度均值为106.9%，表现出上升的趋势。综观图3-3中5年的全国省际贸易依存度，发现只是在2002年省际贸易依存度呈下降状况，其余年份均不断提高。这说明，在1987~2007年，中国各省的贸易联系是不断加强的，国内市场一体化的程度不断加深。1987年27个省份的国际贸易依存度均值为12.7%，2007年30个省份的国际贸易依存度均值为34.0%。两相比较，虽然在1987~2007年国际贸易依存度增长的速度快于省际贸易依存度，但2007年省际贸易依存度仍然是国际贸易依存度的3倍。这表明尽管国际市场一体化的速度快于国内市场的一体化，然而，国内市场一体化的程度仍远高于国际市场一体化的程度，中国省际间的贸易联系仍远多于各省与国外的贸易联系。此外，国际贸易是改革开放以来推动中国经济高速增长的重要引擎，本章的计算表明中国的省际贸易依存度远高于国际贸易依存度，可见，省际贸易对中国经济的增长也发挥着非常重要的作用。

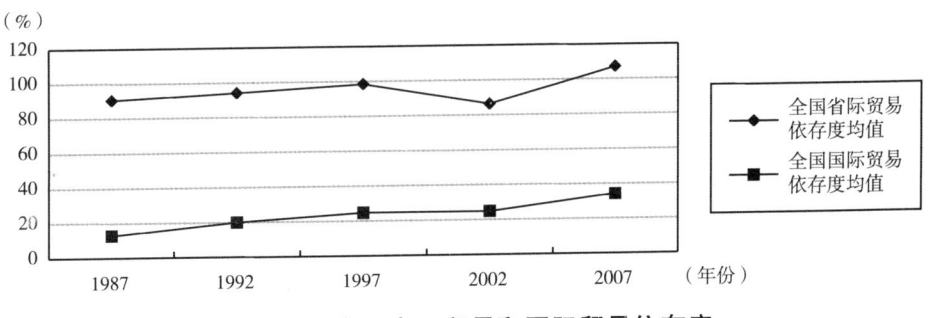

图3-3 全国省际贸易和国际贸易依存度

分区域来看（图3-4），1987~2007年，东部11个省份的省际贸易依存度均值呈现出先下降后上升的趋势；中部8个省份的省际贸易依存度均值的变化趋势则不太规则；西部11个省份的省际贸易依存度均值大体呈现出先上升后下降的趋势。若比较三大区域的5年均值，则东部地区5年的贸易依存度均值为103.0%；中部和西部地区分别为92.3%和88.9%，说明与中西部地区相比，东部地区省份的省际贸易水平更高，与其他省份的经济技术联系更多。

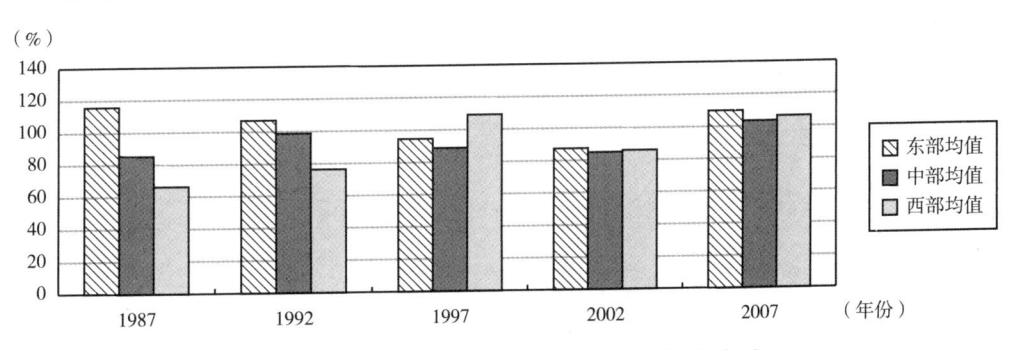

图3-4 东部、中部和西部省际贸易依存度

再从具体的省份看，1987 年省际贸易依存度前五位的省份依次为天津、上海、河北、河南、浙江；1992 年省际贸易依存度前五位的省份依次为吉林、天津、江苏、河北、上海；1997 年省际贸易依存度前五位的省份依次为天津、青海、河北、宁夏、贵州；2002 年省际贸易依存度前五位的省份依次为吉林、重庆、安徽、天津、河北；2007 年省际贸易依存度前五位的省份依次为河北、吉林、陕西、天津、安徽。可以发现，随着时间的推移，属于中西部地区的省份是不断增加的。天津则是唯一的每个年份均进入前五位的省份。

四、中国的省际贸易比重

首先从全国的省际贸易比重来看（图 3 - 5），1987 年 27 个省份的省际贸易比重为 88.2%，2007 年 30 个省份的省际贸易比重为 78.0%，大约下降了 10 个百分点。这说明，从全国范围来看，各省对外贸易中，省际贸易的比重呈现出下降趋势，国际贸易的比重呈现上升趋势。这表明中国省际贸易的增长速度慢于国际贸易的增长速度，国内市场一体化的速度慢于国际市场一体化的速度。

其次从各区域来看，东部地区的省际贸易比重从 1987 年的 82.2% 下降到 2007 年的 61.1%，下降幅度最大；中部地区的省际贸易比重从 1987 年的 92.2% 下降到 2007 年的 85.7%；西部地区的省际贸易比重从 1987 年的 91.4% 下降到 2007 年的 89.3%，在此期间，基本维持不变。若比较三大区域的 5 年均值，则东部地区 5 年的省际贸易比重均值为 69.0%；中部和西部地区分别为 89.4% 和 90.2%，说明与东部地区相比，中西部地区的省份更依赖省际贸易。

最后来分析具体的省份，1987 年省际贸易比重前五位的省份依次为河南、甘肃、贵州、吉林、湖北；1992 年省际贸易比重前五位的省份依次为新疆、宁夏、河北、安徽、河南；1997 年省际贸易比重前五位的省份依次为甘肃、贵州、河北、安徽、青海；2002 年省际贸易比重前五位的省份依次为陕西、重庆、宁夏、安徽、河北；2007 年省际贸易比重前五位的省份依次为陕西、河北、河南、贵州、安徽。可以发现，在这 5 年中，河北是唯一进入前 5 位的东部地区的省份，其余的省份均属于中西部地区，这也说明，与东部地区相比，中西部地区的省份对省际贸易的依赖程度更高。

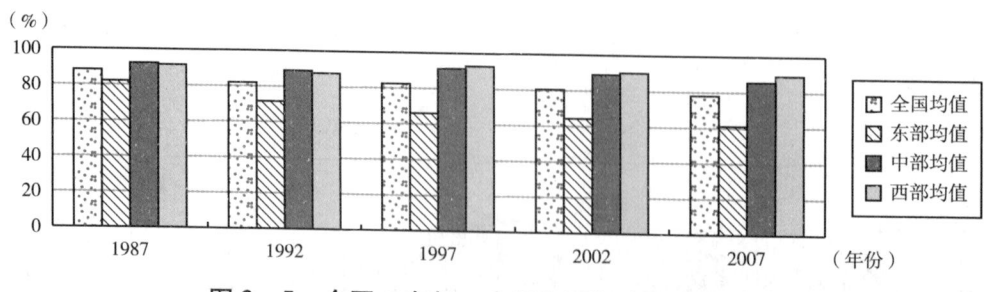

图 3 - 5　全国、东部、中部和西部省际贸易比重

进一步比较省际贸易比重和国际贸易比重的大小，本书发现，1987 年没有一个省份的国际贸易比重大于省际贸易比重；1992 年只有福建的国际贸易比重大于省际贸易比重；1997 年只有广东的国际贸易比重大于省际贸易比重；2002 年只有上海和广东的国际贸易比

重大于省际贸易比重；2007年只有上海、江苏、广东和海南的国际贸易比重大于省际贸易的比重。可见，中国大多数省份的对外贸易仍然是以省际贸易为主。

五、中国的省际贸易盈余

在1987年、1992年、1997年、2002年和2007年五个年份中，省际贸易均为顺差的省份占全部省份的比例分别为14.8%、27.6%、50.0%、46.7%和33.3%，呈现先上升后下降的趋势。分区域来看，东部省份占省际贸易顺差省份的比例在5个年份分别为50.0%、37.5%、40.0%、50.0%和70%，呈现先下降后上升的趋势。

从各省份具体情形看，5个年份均保持顺差的省份有辽宁和河南；在5个年份均保持逆差的省份有北京、山西、吉林、贵州、云南、陕西、甘肃、青海和宁夏9个省（自治区或直辖市）；其余19个省份在5个年份的省际贸易盈余均发生了变化。可见，从空间分布看，长期保持省际贸易逆差的省份大多属于中西部地区，这可能表明中西部地区经济发展相对落后，需要从东部地区调入工业制成品；而大多数省份的省际贸易盈余模式均发生了变化。

六、中国省际贸易结构分析

在省际贸易总量不断增长的同时，省际贸易的部门结构也发生了较大变化，呈现出一定的规律和特点。为了更清晰地对各年度省际贸易的部门结构进行比较，本部分我们将1997年、2002年、2007年按部门纬度合并成农业、采掘业、消费品、中间投入品、资本品、建筑业、服务业7个部门。

从贸易结构来看（图3-6），各部门的省际贸易发展不均衡，1997年我国各部门省际贸易占省际贸易总额的比重由大到小依次为：中间投入品（24.97%）、消费品（22.08%）、资本品（18.91%）、服务业（16.65%）、农业（11.64%）、采掘业（4.99%）、建筑业（0.75%）；2002年各部门省际贸易占省际贸易总额的比重由大到小依次为：中间投入品（26.5%）、资本品（24.03%）、消费品（19.82%）、服务业（15.96%）、采掘业（6.21%）、农业（5.39%）、建筑业（2.09%）；2007年各部门省际贸易占省际贸易总额的比重由大到小依次为：中间投入品（32.32%）、资本品（23.46%）、服务业（14.19%）、消费品（13.32%）、采掘业（6.72%）、农业（5.07%）、建筑业（4.93%）。可以看出，各年度省际贸易排在首位的是中间投入品，排在后三位的分别是采掘业、农业和建筑业，而消费品、资本品和服务业省际贸易比重发生了变化，其中，2002年与1997年相比，资本品省际贸易比重超过消费品比重，跃居第二位，2007年与2002年相比，服务业省际贸易比重超过消费品比重，跃居第三位。

从图3-6还可以看出，1997~2007年，中间投入品、采掘业、建筑业等部门省际贸易占省际贸易总额的比重不断增加，消费品、服务业和农业等部门省际贸易比重不断减小，而资本品省际贸易比重呈现先增后减的变化。

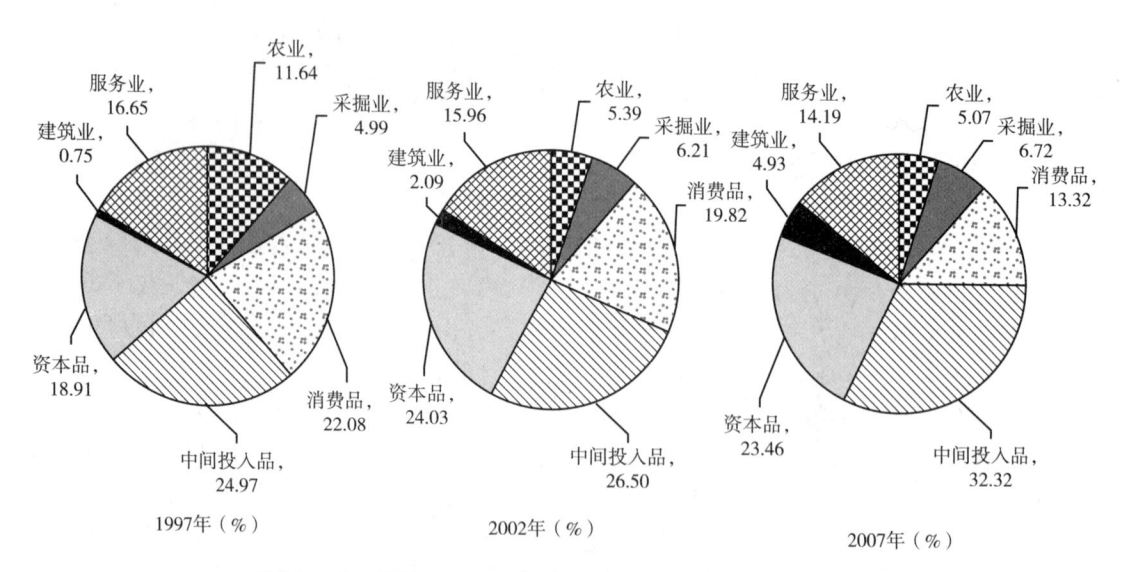

图 3-6 1997~2007 年中国省际贸易总体结构变化

一般来说，一个地区各类产品的调出（或调入）比重结构决定了该地区省际贸易的类型。这里采用产品调出结构来分析各省区的省际贸易结构，具体对各省区省际贸易类型的命名以该省省际调出比重最大的两个部门的名称来定义。

从表 3-2 可以看出，1997 年各省份省际调出结构类型可进一步归为以下几个大类：（1）初级产品调出省份，指分类名称只含农业、采掘业或中间投入品工业的省份，如山西、内蒙古、贵州、甘肃、青海、宁夏、新疆；（2）制成品调出省份，指分类名称只含有消费品工业和资本品的省份，如浙江、广东、四川等；（3）初级产品—制成品调出省份，指分类名称中含有一个初级产品部门又含有一个制成品部门的省份，如河北、黑龙江、江苏、安徽、福建、江西、河南、湖北、湖南、广西、云南等；（4）服务—初级产品调出省份，指分类名称中含有服务业又含有一个初级产品部门的省份，如辽宁、山东、海南等；（5）服务—制成品调出省份，指分类名称中含有服务业又含有一个制成品部门的省份，如北京、天津、吉林、上海、重庆、陕西等。

表 3-2 1997 年 30 省各部门省际调出比重及调出结构分类

地区	农业	采掘业	消费品	中间投入品	资本品	建筑业	服务业	省际调出结构分类
北京	0.046	0.388	8.233	16.647	27.671	1.790	45.225	服务业—资本品
天津	3.306	2.660	12.257	20.312	39.080	0.000	22.386	资本品—服务业
河北	19.902	1.429	26.919	26.943	8.822	0.000	15.985	中间投入品—消费品
山西	12.990	31.552	5.936	27.256	4.381	3.308	14.576	采掘业—中间投入品
内蒙古	27.236	8.134	13.233	34.245	5.620	0.000	11.532	中间投入品—农业
辽宁	7.299	4.831	14.294	36.691	16.305	0.000	20.579	中间投入品—服务业

续表

地区	农业	采掘业	消费品	中间投入品	资本品	建筑业	服务业	省际调出结构分类
吉林	19.493	1.618	6.984	18.789	32.261	0.000	20.855	资本品—服务业
黑龙江	13.264	32.720	20.930	17.382	5.898	0.000	9.806	采掘业—消费品
上海	0.576	0.655	9.253	26.096	32.387	0.000	31.034	资本品—服务业
江苏	8.666	0.383	23.079	28.451	27.705	2.266	9.449	中间投入品—资本品
浙江	8.289	0.335	39.160	16.434	19.220	0.081	16.483	消费品—资本品
安徽	24.193	4.239	28.098	24.832	10.319	0.000	8.319	消费品—中间投入品
福建	14.421	4.268	22.960	25.508	17.499	0.000	15.345	中间投入品—消费品
江西	27.663	7.260	18.292	18.200	7.970	7.515	13.100	农业—消费品
山东	2.316	5.059	22.616	30.275	14.822	0.000	24.912	中间投入品—服务业
河南	9.727	9.984	30.687	26.946	9.536	0.000	13.121	消费品—中间投入品
湖北	12.602	1.268	27.988	29.396	14.465	0.000	14.281	中间投入品—消费品
湖南	21.668	7.838	30.034	18.181	5.114	0.000	17.165	消费品—农业
广东	4.648	1.355	25.518	25.491	29.279	0.043	13.667	资本品—消费品
广西	21.954	7.567	34.359	18.526	6.299	0.000	11.294	消费品—农业
海南	33.118	1.378	5.942	15.966	3.926	3.669	36.002	服务业—农业
重庆	17.829	2.681	5.736	19.578	26.329	5.963	21.883	资本品—服务业
四川	3.816	4.616	30.470	12.691	37.552	0.026	10.830	资本品—消费品
贵州	23.680	4.672	21.487	26.291	14.282	0.000	9.588	中间投入品—农业
云南	7.280	1.517	43.358	20.833	8.982	0.034	17.996	消费品—中间投入品
陕西	8.606	6.279	14.617	16.260	37.112	0.061	17.066	资本品—服务业
甘肃	16.735	5.088	6.814	53.657	6.494	5.225	5.987	中间投入品—农业
青海	15.907	10.192	5.244	50.121	3.724	0.000	14.813	中间投入品—农业
宁夏	17.531	10.491	6.002	46.899	11.379	0.000	7.697	中间投入品—农业
新疆	21.682	14.076	18.753	24.760	5.938	0.000	14.791	中间投入品—农业

同理，由表3-3，2002年各省份省际调出结构类型如下：（1）初级产品调出省份，包括山西、内蒙古、江西、新疆等；（2）制成品调出省份，包括浙江、福建等；（3）初级产品—制成品调出省份，包括河北、辽宁、吉林、黑龙江、江苏、安徽、河南、湖北、湖南、广东、广西、四川、贵州、云南、陕西等；（4）服务—初级产品调出省份，包括海南、甘肃、宁夏等；（5）服务—制成品调出省份，包括北京、天津、上海、山东等；此外，还有重庆和青海，分别是服务—建筑业调出省份和建筑业—初级产品调出省份。

表 3-3　　　　2002 年 30 省各部门省际调出比重及调出结构分类

地区	农业	采掘业	消费品	中间投入品	资本品	建筑业	服务业	省际调出结构分类
北京	0.057	0.449	5.259	15.577	27.429	3.439	47.792	服务业—资本品
天津	2.675	6.474	6.755	24.029	28.568	4.100	27.398	资本品—服务业
河北	7.368	6.025	24.468	40.075	14.728	0.299	7.037	中间投入品—消费品
山西	0.000	51.131	1.071	36.896	0.171	0.000	10.732	采掘业—中间投入品
内蒙古	19.254	17.216	11.959	44.209	0.000	0.000	7.361	中间投入品—农业
辽宁	1.975	1.088	3.243	67.069	17.221	0.000	9.404	中间投入品—资本品
吉林	8.932	0.776	18.666	22.598	27.529	0.353	21.146	资本品—中间投入品
黑龙江	7.346	42.783	17.681	16.002	8.464	0.000	7.724	采掘业—消费品
上海	0.064	0.367	5.620	18.271	48.321	0.092	27.266	资本品—服务业
江苏	0.502	0.620	17.842	34.279	35.693	4.204	6.859	资本品—中间投入品
浙江	0.960	0.064	34.984	12.149	36.876	1.682	13.285	资本品—消费品
安徽	18.032	5.707	22.951	24.965	17.331	0.000	11.014	中间投入品—消费品
福建	2.185	8.192	25.915	18.781	28.798	0.000	16.128	资本品—消费品
江西	22.205	2.385	16.710	31.911	10.351	0.000	16.438	中间投入品—农业
山东	4.380	10.776	58.286	3.170	1.495	2.319	19.574	消费品—服务业
河南	1.012	14.782	14.103	47.363	17.065	0.000	5.676	中间投入品—资本品
湖北	11.437	0.143	19.397	30.132	25.642	0.000	13.249	中间投入品—资本品
湖南	13.074	3.882	25.085	38.262	17.036	0.000	2.661	中间投入品—消费品
广东	0.368	2.970	14.677	24.775	51.166	0.000	6.044	资本品—中间投入品
广西	5.297	3.123	29.931	24.888	10.984	3.611	22.165	中间投入品—消费品
海南	33.597	1.602	7.129	9.837	8.273	0.279	39.283	服务业—农业
重庆	7.853	1.595	3.717	16.707	15.514	25.597	29.017	服务业—建筑业
四川	19.919	13.314	18.257	16.391	15.772	0.008	16.340	农业—消费品
贵州	1.179	8.103	17.480	48.171	8.456	0.000	16.611	中间投入品—消费品
云南	2.501	1.261	59.441	19.892	2.007	0.036	14.863	消费品—中间投入品
陕西	6.024	14.025	15.556	24.989	21.335	2.387	15.684	中间投入品—资本品
甘肃	2.301	4.598	2.798	67.765	7.774	0.894	13.869	中间投入品—服务业
青海	0.698	16.787	4.558	24.240	0.890	37.001	15.825	建筑业—中间投入品
宁夏	8.558	6.260	9.813	49.970	5.710	0.000	19.688	中间投入品—服务业
新疆	11.542	31.808	11.317	34.326	1.517	0.000	9.490	中间投入品—采掘业

由表 3-4，2007 年各省份省际调出结构类型如下：(1) 初级产品调出省份，包括山西、山东、青海、新疆；(2) 制成品调出省份，包括福建等；(3) 初级产品—制成品调出省份，包括天津、内蒙古、辽宁、吉林、黑龙江、江苏、浙江、安徽、江西、广东等；(4) 服务—初级产品调出省份，包括河北、湖北、海南、贵州、甘肃、宁夏等；(5) 服务—制成品调出省份，包括北京、上海、重庆等；此外，还有河南和湖南为建筑业—初级产品调出省

份，陕西为服务—建筑业调出省份。

表 3-4　　　　2007 年 30 省各部门省际调出比重及调出结构分类

地区	农业	采掘业	消费品	中间投入品	资本品	建筑业	服务业	省际调出结构分类
北京	0.003	0.419	5.343	15.688	19.301	0.000	59.247	服务业—资本品
天津	0.834	10.025	4.291	21.304	32.754	14.710	16.082	资本品—中间投入品
河北	8.173	2.796	17.878	40.662	11.524	0.000	18.967	中间投入品—服务业
山西	0.000	60.864	0.021	32.526	0.017	0.000	6.572	采掘业—中间投入品
内蒙古	10.401	18.343	19.595	40.315	0.906	0.000	10.440	中间投入品—消费品
辽宁	2.344	1.819	5.906	57.622	25.485	0.000	6.824	中间投入品—资本品
吉林	10.952	9.649	13.925	27.776	28.481	0.608	8.609	资本品—中间投入品
黑龙江	12.634	31.396	8.397	23.139	15.245	2.129	7.061	中间投入品—资本品
上海	0.002	0.000	9.922	17.554	45.314	0.112	27.096	资本品—服务业
江苏	1.844	0.960	10.989	29.289	42.069	11.905	2.944	资本品—中间投入品
浙江	0.452	0.646	25.060	30.540	31.630	0.000	11.672	资本品—中间投入品
安徽	9.999	8.095	10.854	27.921	24.727	0.027	18.377	中间投入品—资本品
福建	2.208	2.670	27.073	18.990	21.136	12.153	15.769	消费品—资本品
江西	12.950	6.982	23.503	33.915	8.925	2.082	11.643	中间投入品—消费品
山东	1.467	22.508	14.023	39.944	16.593	0.000	5.465	中间投入品—采掘业
河南	3.308	4.145	15.871	46.095	11.325	17.773	1.485	中间投入品—建筑业
湖北	11.108	5.496	18.635	37.532	8.169	0.000	19.059	中间投入品—服务业
湖南	18.474	0.240	12.914	21.912	12.811	23.285	10.364	建筑业—中间投入品
广东	0.344	1.323	13.318	34.789	44.590	0.000	5.636	资本品—中间投入品
广西	18.535	2.216	22.519	29.309	9.429	1.887	16.106	中间投入品—消费品
海南	19.362	0.851	8.985	36.913	1.299	0.000	32.590	中间投入品—服务业
重庆	5.557	0.224	7.544	10.600	37.312	15.997	22.766	资本品—服务业
四川	17.248	3.922	20.776	26.023	27.185	0.000	4.846	资本品—中间投入品
贵州	4.746	9.871	12.165	46.194	7.817	3.099	16.109	中间投入品—服务业
云南	4.215	1.616	23.941	52.320	4.237	0.000	13.671	中间投入品—消费品
陕西	6.263	12.223	4.796	18.171	10.667	22.533	25.346	服务业—建筑业
甘肃	4.198	4.403	0.750	80.065	2.493	0.000	8.091	中间投入品—服务业
青海	13.119	39.300	1.874	32.630	2.029	0.238	10.810	采掘业—中间投入品
宁夏	2.119	4.601	9.472	49.725	6.822	0.000	27.260	中间投入品—服务业
新疆	14.084	29.564	4.753	34.713	2.174	0.026	14.685	中间投入品—采掘业

将 2007 年各省省际调出结构与 1997 年的情况相比，我国省际贸易结构有了很大的升级，具体表现在以下几个方面：一是以服务为主要调出部门的高级调出结构类型的省份较多，1997 年以服务为主要调出部门的省份有北京、天津、辽宁、吉林、上海、山东、海南、

重庆、陕西等，到2007年这类高级调出结构类型的省份有北京、河北、上海、湖北、海南、重庆、贵州、陕西、甘肃、宁夏等；二是许多初级产品调出省份开始向初级产品—制成品、服务—初级产品调出结构转变，表现为初级产品调出省份明显减少，如内蒙古、贵州、甘肃、宁夏等省份省际调出结构升级显著；三是在初级产品调出省份中，产品加工的程度已逐步提高，一个突出的特点是农产品直接调出的情况已经很少，各省农产品调出的比重均已处于较低的水平。

第三节 结论与展望

改革开放以来中国经济在高速增长的同时，面临着"不平衡、不协调和不可持续"的深层次问题，经济发展方式的转变刻不容缓。重新审视和大力发展省际贸易，有助于中国经济发展方式实现如下转变：第一，从依赖低端要素转变为构建深化分工网络。过去三十年的中国经济，形成了依赖劳动力、土地和自然资源等低端要素的粗放式增长模式，但这种增长模式已经难以持续，通过发展省际贸易，形成统一开放的国内大市场，在全国范围内促进分工网络的构建和深化，建立国民经济体系不同产业的循环累积因果联系，促进分工的深化和专业化水平的提高，将成为中国经济增长的新源泉。第二，从区域率先发展战略转变为区域协调发展战略。自改革开放以来，中国的区域发展战略发生了两次转变：第一次是20世纪80年代开始的东部沿海地区率先发展战略。该战略的实施，在推动中国经济高速增长的同时，也造成了区域差距的扩大。于是，中央政府在"九五"计划首次提出了"区域协调发展"的构想。1999年，中央正式提出了"西部大开发"战略，此后又相继提出了"振兴东北"和"中部崛起"的战略，这表明中国区域发展战略从"率先发展"到"协调发展"的第二次转变。发展省际贸易，有助于东部地区在发展态势呈现出"极化效应"的基础上，逐步发挥极化后的"扩散效应"，建立省际直接与间接的技术经济联系，带动中西部地区的发展，最终实现区域经济协调发展。第三，从外向型发展战略转变为内外双向循环型发展战略。中国目前的出口导向型发展战略，正受到诸多不利因素的困扰难以为继，如国内要素成本上升，人民币升值，环境保护约束加大和贸易保护主义等。省际贸易的边界效应小于国际贸易，为此，省际贸易就可以成为中国扩大内需的重要渠道。通过省际贸易的发展和繁荣，可以最大限度地开发国内市场，真正实现"充分利用国内、国际两个市场、两种资源"，形成内外双向循环型的发展战略。第四，从"市场换技术"战略转变为"市场和技术双重追赶"的战略。本国市场是一种极其重要的战略性资源，特别是对于发展中国家的赶超使命来说，本国市场的规模特别是高端市场的规模，是决定本土企业创新能力能否形成的最根本因素，此即为"需求所引致的创新"。美国和日本等发达国家的企业在进入国际市场之前，均立足于本国市场积累了相当的创新能力。中国自改革开放以来，存在着重技术轻市场的倾向，形成了"市场换技术"的战略，由此导致了国内市场开放过早、开放幅度过大的问题。发展省际贸易，减少国内市场分割和地方保护主义，为本土企业整合出统一开放的国内大市场，进而立足该市场自主创新，"决战于国内，决胜于国外"，展开市场和技术的双重追赶。

重新审视和大力发展省际贸易，首先需要了解和总结过去中国省际贸易的演变趋势和特征。为此，本章首次收集和整理了中国1987年、1992年、1997年、2002年和2007年五年的地区投入产出表，通过引入各种指标进行测算，本书发现在1987~2007年，中国的省际贸易表现出如下的趋势和特征：第一，中国省际贸易保持了高速增长，2007年省际贸易总额是国际贸易总额的2倍，东部地区始终是省际贸易的主体；且对于省际贸易来说，GDP的影响可能大于距离的影响。第二，省际贸易在空间分布上保持着很高的集中度，与GDP的高集中度存在高度的重合。第三，中国各省的省际贸易依存度存在上升的趋势，表明中国国内市场一体化程度不断增强；2007年省际贸易依存度是国际贸易依存度的3倍，表明国内市场一体化的程度仍远高于国际市场一体化的程度。此外，东部的省际贸易依存度高于中西部地区。第四，各省对外贸易中，省际贸易的比重呈现出下降趋势，表明国内市场的一体化速度慢于国际市场；且东部的省际贸易比重远低于中西部地区。但从比重来说，中国大多数省份的对外贸易仍然以省际贸易为主。第五，长期保持省际贸易逆差的省份大多属于中西部地区，这可能表明中西部地区经济发展相对落后，需要从东部地区调入工业制成品。第六，与1997年相比，2007年我国省际贸易结构有了很大的升级，许多省份从初级调出向高级调出结构转变。

参考文献

[1] 陈家海. 地区工业化进程中的省际贸易格局及政策倾向. 载周振华主编. 中国经济分析1995：地区发展. 上海人民出版社1996年版。

[2] 李善同、侯永志等. 中国区域协调发展与市场一体化. 经济科学出版社2008年版。

[3] 钱勇生、张孝远. 省际之间铁路货物运输流量流向趋势分析. 统计与决策. 2007年第11期。

[4] 徐现祥和李郇. 中国省际贸易模式：基于铁路货运的研究. 世界经济. 2012年第9期。

[5] 许召元、李善同. 中国2002年省际间贸易估计. 第四届（2009）中国管理学年会会议论文，2009年11月。

[6] Naughton, Barry, How Much Can Regional Integration Do to Unify China's Markets? Conference for Research on Economic Development and Policy Research, Stanford University, 1999.

[7] Poncet, Sandra, Measuring Chinese Domestic and International Integration. *China Economic Review*, Vol. 14, Issue1, 2003, pp. 1–21.

[8] Wall, Howard, Gravity Model Specification and the Effects of the Canada-U. S. Border. Federal Reserve Bank of St. Louis Working Paper 2000–024A, 2000.

第四章 国内市场一体化研究

作为世界上的国际贸易大国之一，中国的国内贸易近20年来也飞速发展，这也反映出中国的内部经济调整、区域分配和市场一体化的发展情况。因为存在禀赋差异和相对优势，所以一国内部的区域间贸易可以促进地区经济的增长并且增进所有地区的社会福利。因此，内部区域间贸易也是中国经济发展的一项重要推动力。

目前，已出现了很多对一国（或国际联盟）内部区域间贸易的研究，包括美国、欧盟、日本、巴西等。学者们探讨了一国内部区域间贸易的模式并对国内区域间的贸易壁垒进行了评估。因为对国际贸易的分析需要引入制度、历史、文化多样性和贸易协定等因素，所以与之相比，在类似的贸易分析框架下，对国内贸易的研究更容易衡量双边贸易中的决定性因素。

分析市场一体化的常用方法是基于引力方程的边界效应模型（McCallum，1995）。如果在引力模型中控制了双边可观测的自变量，那么未被观测到的因素可被视为影响双边贸易的区域间行政边界。即由于国家间（或地区间）行政边界的存在而导致双边贸易的下降，这就是"边界效应"（Border Effect）。边界效应的大小反映了由贸易壁垒（或地区边界）导致市场分割的程度。同样，一个国家内部各地区间的贸易流动也可能存在由地区边界导致的本地偏好。由于国家内部各地区都具有相同的语言、货币和经济核算体系，所以国家内部区域间的贸易壁垒更多地反映了地区间的地理区位、行政管理和经济政策等方面的差异，而不存在关税、贸易配额等国际壁垒因素，因此对国家内部区域间是否存在本地偏好的检验能够更加准确地反映国家内部市场一体化的程度。Anderson 和 van Wincoop（2005）在不完全竞争的假设下建立了一个理论模型来界定边界效应并评估了美国加拿大两国的边界对两国地区间贸易的负面影响。Poncet（2003）和 Poncet（2005）基于一个省份和中国其他地区的投入产出流量数据对中国的区域间贸易进行探究，认为中国的国内市场是在20世纪90年代走向分割的趋势。Xing 和 Li（2011）则利用从增值税专用发票中得到的省级双边贸易数据，发现在21世纪初中国各省间的市场一体化呈现相对较高的水平。

本章主要探讨在世纪之交的十年间（1997~2007年），中国的省际贸易和市场一体化的发展情况。在这段时间内，中国从加入世界贸易组织到成为世界上经济规模最大的国家之一，经历了经济飞速发展的时期，而国内的市场也出现了繁荣的景象。国际贸易和国内贸易的同时增长既体现了中国国家实力的上升，也体现了中国制造业参与国际产业链的同时国内市场也出现了显著的扩展。但是学界的传统观念仍然认为中国的国内市场狭小、内需不足是我国长期经济增长的不利之处，本研究将探讨中国的省际贸易迅速发展使得国内市场的一体化程度出现了迅速提高。本章使用的是由1997年、2002年和2007年各省投入产出表估算出的省际双边贸易数据，发现在这十年间省际贸易确实有了明显增长。从数量上来评估这段时期中国内部市场的一体化程度，则是通过引力模型中估计出历年的边界效应大小来反映。

进一步说,本章也估算出了各产业中贸易的边界效应,其差异反映了不同行业受行政边界的影响不同。

第一节 模 型

在大量文献中,分析地区间贸易的经典方法是引力方程。引力方程的基本观点如下:区域间的贸易量与两个地区的国民生产总值等经济规模因素成正比,与地理距离等贸易成本因素成反比。这是因为:地区的生产规模和国民收入越大,市场需求就越大,地区间的贸易量也越大;地理距离会导致双边贸易产生运输成本,所以两个地区相距越远,运输成本越高,地区间的贸易就越少。另外,大量研究表明,各种关税壁垒和非关税壁垒等因素也会影响双边贸易。传统的引力模型如下所示[①]:

$$\ln M_{ij} = \alpha_{ij} + \beta_1 \ln GDP_i + \beta_2 \ln GDP_j + \beta_3 \ln Dist_{ij} + \delta X_{ij} + u_{ij} \quad (4.1)$$

其中,i 表示贸易中的输入者,j 表示输出者,$i,j = 1, 2, \cdots, n$,M_{ij} 表示 i 和 j 之间的双边贸易额,GDP 表示经济规模,$\ln Dist_{ij}$ 是 i 和 j 之间地理距离的对数函数,X_{ij} 是由影响双边贸易的其他因素构成的向量,这些因素包括在引力模型中被控制的影响贸易的双方特有因素和其他特定的区域因素。这个方程的含义是:省际贸易量与贸易双方的产值相关,且双边的贸易壁垒只与距离因素有关,边界等其他非关税壁垒都放在残差项中。方程(4.1)右边的距离项系数即是双边贸易的距离弹性,在本研究中意味着两省间距离每增加 1%,那么两省贸易将下降 β_3%。当 $i=j$ 时,引力方程反映的就是省内贸易。此时第 i 省 GDP 等于第 j 省 GDP,所有其他反映各省特征的变量也都做类似处理。

与 McCallum(1995)和 Xing and Li(2011)的研究一样,我们设立一个虚拟变量来反映省际行政边界,这个虚拟变量系数的大小反映了中国省际边界对省际贸易影响的平均程度。边界虚拟变量定义如下:

$$Border_{ij} = \begin{cases} 1, & if \quad i \neq j \\ 0, & if \quad i = j \end{cases} \quad (4.2)$$

式 4.2 表示,当贸易发生在省内时,边界虚拟变量值为 0;当贸易跨省时,边界虚拟变量值为 1。边界虚拟变量度量了省际行政边界在减少双边贸易上的平均效应。把它引入方程,可得如下引力模型:

$$\ln M_{ij} = \alpha_{ij} + \beta_1 \ln GDP_i + \beta_2 \ln GDP_j + \beta_3 \ln Dist_{ij} + \gamma Border_{ij} + \delta X_{ij} + u_{ij} \quad (4.3)$$

根据 McCallum(1995)的观点,$e^{|\gamma|}$ 就是所谓的边界效应,它度量了在控制了经济规模和两省的贸易成本后,平均来看省内贸易对省际贸易的倍数,也反映了在省际贸易中本土偏好的程度。此外,两个距离指标也被引入模型(4.3):第一个是"邻近"变量,表示双方是否相邻:

[①] Tinbergen(1962)最早提出了引力模型,并被后续的大量研究所采用。在实践中,引力模型较好地解释了双边贸易的流量(Anderson and van Wincoop, 2004)。

$$Adjacency = \begin{cases} 1, \text{如果相邻} \\ 0, \text{如果不相邻} \end{cases} \quad (4.4)$$

许多实证研究都表明，在边界效应模型中设置这个变量是非常重要的。相邻变量一般对地区间贸易具有正的效应，且往往高度显著，这被称为临近效应（Adjacent Effect）。另一个变量是GDP加权距离（这个变量考虑了贸易双方之外其他地区与此贸易伙伴的贸易距离，因此衡量了影响双边贸易中的多边因素）：

$$Remote_{ij} = \sum_{k \neq j} Dist_{ik}/Y_k \quad (4.5)$$

Remote变量是一种GDP加权距离，反映了第i省和第j省相对于其他省区的经济地理位置。这个定义意味着，两个省区相对于其他省区的距离越远，在给定双边距离的条件下其双边贸易量越大。在本节中，我们也在边界效应模型中加入Remote变量以分析"与所有地区相对的贸易壁垒"对省际贸易的影响。

Anderson和van Wincoop（2003）基于理论模型构建了一个多边阻力变量（Multilateral Resistance，MR）来控制多边贸易中的多边决定因素，我们称之为AvW模型。其经验方程是：

$$\ln(M_{ij}/GDP_i GDP_j) = \alpha_{ij} + \beta \ln Dist_{ij} - \ln P_i^{1-\sigma} - \ln P_j^{1-\sigma} + \gamma Border_{ij} + \delta X_{ij} + u_{ij} \quad (4.6)$$

其中，P_i和P_j表示由相对的经济规模、交易成本和替代弹性决定的双边阻力项。通过控制省级固定效应，模型（4.6）可通过普通最小二乘法进行估计（Anderson and van Wincoop, 2003）。Baier和Bergstrand（2007）则通过建立一个包括距离和边界虚拟变量的多边阻力项并将其引入引力方程而替代性地估计了方程（4.7）：

$$MRD_{ij} = \left(\sum_{K=1}^{N} \theta_K t_{iK}\right) + \left(\sum_{I=1}^{N} \theta_I t_{Ij}\right) - \left(\sum_{K=1}^{N}\sum_{I=1}^{N} \theta_K \theta_I t_{KI}\right) \quad (4.7)$$

其中，$\theta_i = Y_i/Y_W$，Y_i和Y_W和分别是i省和全国的GDP，MRD_{ij}是Baier-Bergstrand的距离转换形式。

第二节 数 据

本章中使用的数据是从30个省份（不包括西藏）投入产出表中估计出的省级双边贸易流量数据。国家统计局分别公布了1997年、2002年和2007年每个省份的投入产出表。每个省投入产出表中的流入和流出数据提供了该省和中国其他地区之间的贸易信息。但是，在投入产出表中，由于"其他地区"是一个整体，因此流入流出值仅仅衡量的是某个省对多个省的贸易流动额。为此，国务院发展研究中心采用了一系列估计方法估算了每一对省份间的双边贸易（许召元和李善同，2009），详见本书第二章。服务性行业中的双边贸易是利用稍微不同方法的进行计算的。在这三个年份中，可以分别得出细化至包括制造业和服务业在内的50个以上行业的双边贸易数据。省内贸易的计算采用Wei（1996）的方法，由该省区的总产出减去该省的出口以及省际调出。

该数据集在分析中国国内贸易上有着以下优点：首先，它反映了任何省份两两之间而不是一个省与中国其他地区间的双边贸易，优于Poncet（2005）所采用的数据，所以更适合用经典的国际贸易模型进行分析。其次,它涵盖了国内所有的货物流动甚至是服务业的流动,所以较为全面地展示了中国内部的商品贸易模式。最后,它包含大量的观测值,每年双边贸易矩阵的维度都超过了50,估测值达到了45000。

表4-1分别列出了1997年、2002年和2007年省内和省际贸易在总贸易额中的份额。首先,每年的省内贸易平均占到总贸易额的75%~80%。这意味着在省级水平上,内部贸易平均为省际贸易的3-4倍。这同样能用国际贸易中出现的本地偏好来解释,即企业更倾向于和本地企业进行贸易往来。其次,和1997年相比,2002年的省际贸易份额平均来看有所下降,但在2007年,该比例又明显增加。这反映了2002~2007省际贸易的快速增长。这些结果在各省都保持一致,因为几乎每个省都经历了相同的变化过程。

表4-1 1997年、2002年、2007年各省省内贸易和省际贸易份额 单位:%

省份	1997年 省内贸易	1997年 省际贸易	2002年 省内贸易	2002年 省际贸易	2007年 省内贸易	2007年 省际贸易
安徽	68.87	31.13	62.88	37.12	58.46	41.54
北京	74.07	25.93	70.38	29.62	65.92	34.08
重庆	69.90	30.10	55.09	44.91	74.11	25.89
福建	82.68	17.32	87.02	12.98	77.07	22.93
甘肃	67.87	32.13	78.48	21.52	82.18	17.82
广东	66.30	33.70	82.85	17.15	73.40	26.60
广西	76.14	23.86	70.60	29.40	72.74	27.26
贵州	63.35	36.65	72.36	27.64	64.57	35.43
海南	68.43	31.57	63.84	36.16	87.20	12.80
河北	69.28	30.72	72.05	27.95	57.49	42.51
黑龙江	75.79	24.21	82.28	17.72	75.41	24.59
河南	84.82	15.18	87.71	12.29	79.70	20.30
湖北	85.90	14.10	87.86	12.14	87.79	12.21
湖南	80.95	19.05	85.13	14.87	79.45	20.55
内蒙古	72.45	27.55	79.44	20.56	72.16	27.84
江苏	75.26	24.74	88.92	11.08	83.50	16.50
江西	81.61	18.39	80.58	19.42	84.29	15.71
吉林	74.73	25.27	56.37	43.63	59.30	40.70
辽宁	86.11	13.89	87.58	12.42	79.69	20.31
宁夏	67.53	32.47	62.50	37.50	64.73	35.27
青海	59.21	40.79	64.45	35.55	81.92	18.08
陕西	71.86	28.14	76.88	23.12	44.37	55.63
山东	86.19	13.81	87.74	12.26	90.34	9.66
上海	75.03	24.97	83.43	16.57	69.94	30.06
山西	73.51	26.49	86.79	13.21	83.95	16.05

续表

省份	1997 年 省内贸易	1997 年 省际贸易	2002 年 省内贸易	2002 年 省际贸易	2007 年 省内贸易	2007 年 省际贸易
四川	87.54	12.46	89.54	10.46	89.06	10.94
天津	60.54	39.46	64.47	35.53	49.99	50.01
新疆	67.78	32.22	75.52	24.48	71.99	28.01
云南	78.64	21.36	81.30	18.70	72.25	27.75
浙江	87.85	12.15	77.44	22.56	75.86	24.14
合计	77.68	22.32	80.72	19.28	75.83	24.17

表 4-2 分别列出了 2002 年和 2007 年省内和省际贸易的五年增长率（即 2002 年相对于 1997 年的增长，2007 年相对于 2002 年的增长）。平均来看，2007 年两种贸易的增长均比 2002 年快很多。这表明在省级水平上，中国两种类型的内部贸易在 2002～2007 年五年期间比在 1997～2002 五年期间扩张得更快。平均来看，2002～2007 年中国各省省际贸易的增长率约为 1997～2002 年的五倍，省内贸易增长率约为 2 倍。除了个别省份外（海南、青海），绝大多数省份的两类贸易都具有较高的增长速度。值得注意的是，在 1997～2002 年，浙江、北京、吉林的省际贸易增长迅速，但部分省份的省际贸易却出现了负增长，如江苏和山西。

表 4-2 2002 年和 2007 年各省省内贸易和省际贸易增长率 单位：%

省份	2002 年 省际贸易	2002 年 省内贸易	2007 年 省际贸易	2007 年 省内贸易
安徽	46.35	12.08	169.37	123.73
北京	217.75	164.42	128.94	86.35
重庆	137.65	25.56	34.18	213.11
福建	17.22	64.71	264.38	82.57
甘肃	3.95	79.44	135.26	197.46
广东	2.85	152.48	281.85	118.14
广西	55.12	16.77	121.87	146.50
贵州	2.11	54.66	209.42	115.37
海南	68.19	36.97	-34.56	152.45
河北	35.78	55.17	276.82	97.71
黑龙江	-4.38	41.84	183.50	87.21
河南	21.40	55.16	339.17	141.50
湖北	-4.47	13.53	117.53	115.95
湖南	-2.45	31.40	202.15	104.12
内蒙古	16.93	71.84	340.13	195.21
江苏	-24.79	98.32	248.16	119.56

续表

省份	2002年 省际贸易	2002年 省内贸易	2007年 省际贸易	2007年 省内贸易
江西	57.07	46.93	107.77	168.59
吉林	210.00	35.45	119.86	147.93
辽宁	43.51	63.25	215.94	75.85
宁夏	132.02	85.96	114.96	136.66
青海	40.67	75.67	13.58	183.94
陕西	44.30	87.91	393.13	18.30
山东	49.90	71.91	115.93	182.11
上海	6.53	78.49	316.48	92.52
山西	-22.93	82.45	204.88	142.69
四川	16.81	42.38	139.17	127.30
天津	71.81	103.20	213.50	72.73
新疆	21.86	78.65	136.33	96.95
云南	33.58	57.72	213.27	87.63
浙江	252.78	67.52	144.21	123.54
合计	39.17	67.42	194.57	120.78

其他的变量如国内生产总值、工业增加值和国际贸易等都来源于历年的中国统计年鉴。两个省份的距离是它们省会间的地球表面距离。表4-3给出了研究中主要变量的描述性统计。

表4-3　　　　　　　　　　描述性统计

变量	英文字母	观测值	均值	标准差	最小值	最大值
贸易	Trade	2700	4343912	2.80E+07	7397	6.51E+08
距离	Distance	2700	1356.40	792.36	15	3844
临近	Adjacency	2700	0.18	0.38	0	1
国内生产总值	GDP	2700	5292.15	5611.92	202.79	31777.00
制造业增加值	Manufacturing share	2700	2516.14	3006.23	76.64	15939.10
服务业增加值	Service share	2700	2110.85	2307.61	84.36	14076.83
可支配收入	Disposable income	2700	8619.45	4179.82	3592.43	23622.70
社会消费	Social consumption	2700	4911.49	3659.22	1677.00	24260.00
人口	Population	2700	4226.56	2608.21	495.60	9869.00
就业	Employment	2700	2204.39	1445.86	235.40	5773.00
国际贸易	International trade	2700	346.59	871.97	1.29	6340.35
地方政府收入	Revenue of local government	2700	403.56	500.96	10.92	2785.80
地方政府支出	Expenditure of local government	2700	663.69	615.99	33.63	3159.60

第三节 实证结果

这一部分列出了在引力模型下各年度的边界效应估计结果。首先，我们估计在考虑经济规模、距离、产业结构和国际贸易等因素时得出的基本结果。之后，给出了包含"临近"变量和GDP加权平均距离变量的AvW模型在Baier和Bergstrand方法下估计出的结果。最后，给出各行业的边界效应来反映不同行业中市场一体化的差别情况。

表4-4给出了考虑双边贸易变量和边界虚拟变量时每年的回归情况。首先，基准的引力方程（表4-4的第一列）较好地拟合了中国的省际贸易，具有较高的R^2，这说明现有的国际贸易理论在国家内部地区间贸易上也具有较强的解释力。其次，在考虑边界效应时，表4-4的结果显示，R^2从0.7上升到0.8~0.9，因此，包含边界效应的模型更能解释中国的省际双边贸易，这说明边界变量是双边贸易中的一个重要决定因素。值得注意的是，大多数的解释变量都是显著的。再次，通过回归可以发现边界效应在1997~2002年和2002~2007年都有递减的趋势。比较表4-4第二、第三、第四列数据，边界效应从1997年的62.30下降到2002年的59.61，又下降到2007年的57.50。最后，我们控制了与双边贸易相关的其他变量（结果见表4-4的第五到十列），包括制造业份额、服务业份额、国际贸易这三个因素，即分别与各省的生产结构、对外贸易相关的变量。可以发现引入这些变量之后，回归结果具有较高的稳健性。边界效应的下降反映了在这一期间中国国内市场一体化程度的提高。这一改进还能从下面扩展模型的结果中得到证实。

控制"临近"变量和GDP加权距离变量的模型也表明大多数变量都是显著的。由表4-5第一列到第三列可见，控制了GDP加权距离变量（即remoteness）之后，回归方程的边界效应从1997年的59.15下降到2002年的51.75，2007年又降到49.50。与第二个五年相比，中国的国内市场在第一个五年里有更高的一体化程度。尽管在多变阻力模型中（表4-5的第四到八列），市场一体化程度在2002年到2007年没有发生显著的变化，但从边界效应从1997年的61.37下降到2002年的58.92来看，市场一体化程度还是有较大提高的。

表4-4　　　　　　　　　　基本模型中的边界效应

Dependent: log (trade)	pooled	1997年	2002年	2007年	1997年	2002年	2007年	1997年	2002年	2007年
log (gdp)$_i$	0.5128 *** (0.0569)	0.6856 *** (0.0543)	0.5538 *** (0.0490)	0.8150 *** (0.0921)	0.6482 *** (0.0643)	0.5825 *** (0.0535)	0.7671 *** (0.0907)	0.6195 *** (0.0906)	0.3995 *** (0.0957)	0.6968 *** (0.1795)
log (gdp)$_j$	0.6985 *** (0.0408)	0.8513 *** (0.0208)	0.7971 *** (0.0290)	0.9636 *** (0.0362)	0.8291 *** (0.0248)	0.8148 *** (0.0348)	0.9547 *** (0.0390)	0.7669 *** (0.0224)	0.5690 *** (0.0391)	0.7975 *** (0.0504)
log (distance)	-0.9349 *** (0.0451)	-0.2497 *** (0.0396)	-0.3398 *** (0.0565)	-0.3109 *** (0.0633)	-0.2464 *** (0.0411)	-0.3272 *** (0.0504)	-0.2909 *** (0.0630)	-0.2511 *** (0.0386)	-0.3586 *** (0.0502)	-0.3306 *** (0.0581)
(manufacturing share) i					0.8584 (0.6543)	-0.4522 (1.0061)	1.7594 (1.7127)			
(manufacturing share) j					0.6827 *** (0.1989)	-0.0664 (0.2939)	0.2696 (0.3574)			

续表

Dependent: log (trade)	pooled	1997 年	2002 年	2007 年	1997 年	2002 年	2007 年	1997 年	2002 年	2007 年
(service share) i					0.1380 (0.5520)	1.4154* (0.6995)	1.7842 (1.0677)			
(service share) j					0.5664*** (0.1926)	1.9375*** (0.3165)	1.2803*** (0.2501)			
log(international trade) i								0.0481 (0.0484)	0.0982 (0.0599)	0.0742 (0.0726)
log(international trade) j								0.0615*** (0.0127)	0.1459*** (0.0182)	0.1050*** (0.0169)
border	-4.1320*** (0.1520)	-4.0879*** (0.1967)	-4.0518*** (0.2461)	-4.1411*** (0.1567)	-4.1232*** (0.1852)	-4.1079*** (0.2514)	-4.1282*** (0.1509)	-4.0353*** (0.1809)	-3.9968*** (0.2320)	
Border effect		62.30	59.61	57.50	62.87	61.76	60.82	62.07	56.56	54.42
Constant	9.8489*** (0.5091)	6.8201*** (0.5413)	8.4740*** (0.5949)	4.2529*** (0.8783)	6.3473*** (0.6328)	6.8465*** (0.6477)	2.4777** (1.1115)	7.3481*** (0.5471)	10.1209*** (0.6182)	5.5352*** (1.0949)
Observations	2,700	900	900	900	900	900	900	900	900	900
R-squared	0.7017	0.9070	0.7971	0.8048	0.9099	0.8093	0.8116	0.9097	0.8094	0.8094

注：*** 是 1% 水平显著，** 是 5% 水平显著，* 是 10% 水平显著。

表 4-5　　　　　　　　　　　　扩展模型中的边界效应

Dependent: log (trade)	1997	2002	2007	AvW-1997	AvW-2002	AvW-2007
log (gdp)$_i$	0.6782*** (0.0547)	0.5360*** (0.0494)	0.8014*** (0.1019)	0.6186*** (0.0973)	0.5054*** (0.0879)	0.9478*** (0.1720)
log (gdp)$_j$	0.8436*** (0.0214)	0.7762*** (0.0314)	0.9404*** (0.0335)	0.8507*** (0.0205)	0.7966*** (0.0287)	0.9651*** (0.0364)
log (distance)	-0.2313*** (0.0384)	-0.3601*** (0.0468)	-0.3363*** (0.0594)	-0.2551*** (0.0382)	-0.3440*** (0.0546)	-0.2988*** (0.0617)
adjacent	0.1148** (0.0501)	0.0848 (0.0739)	0.0770 (0.0932)			
remoteness	0.0046 (0.0036)	0.0165 (0.0119)	0.0403 (0.0266)			
MR of distance				0.0138 (0.0177)	0.0095 (0.0169)	-0.0256 (0.0277)
border	-4.0800*** (0.1282)	-3.9464*** (0.1542)	-3.9019*** (0.2191)	-4.1169*** (0.1552)	-4.0761*** (0.1878)	-4.0858*** (0.2434)
Constant	6.5665*** (0.5491)	8.3956*** (0.6293)	4.1877*** (0.9924)	7.2545*** (0.6260)	8.8143*** (0.6607)	3.1975** (1.3614)
Border effect	59.15	51.75	49.50	61.37	58.92	59.49
Observations	900	900	900	900	900	900
R-squared	0.9086	0.8016	0.8087	0.9076	0.7974	0.8067

注：*** 是 1% 水平显著，** 是 5% 水平显著，* 是 10% 水平显著。

另外，行政边界可能对不同类型的产品贸易产生不同的影响。例如，有的省份重视制造业，有的省份重视金融服务业等。因此我们还可以在行业层面估计各细分行业的边界效应。以 2007 年为例，我们把双边贸易对边界虚拟变量按行业进行回归，可以估计出省份之间行政边界的阻力。表 4-6 给出了基本模型的主要结果。绝大部分模型的模拟效果都较好，模型的 R^2 介于 0.25~0.40。无论是贸易双方的 GDP，还是地理距离对双边贸易的影响都是显著的。需要注意的是，对服务业回归得到的 R^2 比制造业中的要低，说明边界效应模型对于服务型贸易的解释力仍然较弱。由于对 42 个行业的每个行业都要进行回归，因此无法将所有的回归变量系数都汇报出来，表 4-6 仅汇报了各行业的边界效应系数及其标准差。首先，在所有的行业中，大多数的边界变量都是显著的，这表明边界效应可以在一定程度上解释双边贸易。其次，不同行业的边界效应的系数有明显的差异。服务业的边界效应比制造业要大很多，主要原因可能是不同行业面临的监管不同，不同产品的可交易性不同，而服务业产品具有较强的本地性，主要是本地居民在本地的服务消费。

具体来看，在 2007 年，边界效应从高到低的前几位行业分别是：建筑业、石油和天然气开采业、燃气生产供应业、非金属矿采选业、农林牧渔业、废品废料、电力热力生产供应业、金属矿采选业、工艺品及其他制造业等；边界效应从低到高的前几位行业有非金属矿物制品业、石油加工炼焦及核燃料加工业、仪器仪表及文化办公用机械制造业、金属冶炼及压延加工业、造纸印刷及文体用品制造业、化学工业、通信设备计算机及电子设备制造业、纺织业、交通运输设备制造业、电气机械及器材制造业。

表 4-6　　　　　　　2007 年按行业计算的边界效应系数

行　业	边界效应系数	标准差
农林牧渔业	-7.7228 ***	0.8415
煤炭开采和洗选业	-5.3003 ***	1.0297
石油和天然气开采业	-8.3531 ***	1.1964
金属矿采选业	-4.7712 ***	0.9660
非金属矿及其他矿采选业	-7.0440 ***	1.0053
食品制造及烟草加工业	-4.6764 ***	0.5499
纺织业	-2.2870 ***	0.7860
纺织服装鞋帽皮革羽绒及其制品业	-3.8101 ***	0.7059
木材加工及家具制造业	-5.9229 ***	0.5619
造纸印刷及文教体育用品制造业	-4.0988 ***	0.6873
石油加工、炼焦及核燃料加工业	-2.3514 ***	0.9189
化学工业	-4.0810 ***	0.5788
非金属矿物制品业	-2.5416 ***	0.5617
金属冶炼及压延加工业	-3.7218 ***	0.5892
金属制品业	-4.8920 ***	1.0335
通用、专用设备制造业	-5.2063 ***	0.6097
交通运输设备制造业	-3.8016 ***	0.9186

续表

行　业	边界效应系数	标准差
电气机械及器材制造业	-5.2030***	0.9588
通信设备、计算机及其他电子设备制造业	-3.5875***	0.9197
仪器仪表及文化办公用机械制造业	-2.9943***	0.8791
工艺品及其他制造业	-6.1285***	0.8667
废品废料	-5.1613***	0.8957
电力、热力的生产和供应业	-6.5413***	0.9625
燃气生产和供应业	-6.2298***	0.8697
水的生产和供应业	-8.7966***	0.7224
建筑业	-11.8898***	1.1990
交通运输及仓储业	-5.7192***	0.6702
邮政业	-7.4266***	0.7512
信息传输、计算机服务和软件业	-7.0336***	0.7977
批发和零售业	-6.1279***	0.8638
住宿和餐饮业	-7.3347***	1.0203
金融业	-6.8446***	0.9744
房地产业	-11.8924***	0.9706
租赁和商务服务业	-7.7868***	0.9170
研究与试验发展业	-8.5318***	0.7785
综合技术服务业	-8.9255***	0.8657
水利、环境和公共设施管理业	-8.4044***	0.9597
居民服务和其他服务业	-9.8887***	0.9240
教育	-7.5147***	0.9920
卫生、社会保障和社会福利业	-11.3471***	0.8924
文化、体育和娱乐业	-6.7511***	0.8814
公共管理和社会组织	-13.8471***	0.5427

注：*** 是1%水平显著，** 是5%水平显著，* 是10%水平显著。表格大小有限，故未列出国内生产总值、距离和常数项的值。

第四节　结　论

本章使用各省的双边贸易数据来研究中国国内市场一体化的发展情况。根据1997～2007年十年间的中国区域投入产出数据，估计了中国省际区域间的距离和"边界"对省际贸易的影响。根据描述统计，我们发现中国省际贸易的本地需求较大，即国际贸易中普遍存在的本地偏好在一个国家内部的不同区域间也依然存在。这证明了国际贸易理论在更细化的区域层面上依然具有较强的解释力。特别是服务业和农业主要是在本地内进行交易，而制造业的产品则有较大规模的省际间贸易。进一步，我们采用基本引力模型、单位弹性模型和多边阻力模型分别对中国省际贸易进行了实证检验,得到了以下初步结论:首先,引力模型能够很好地解释中国省际贸易,市场规模以及贸易距离(或运输成本)确实能够在很大程度上影响区域间贸易。其次,各类模型回归得到的弹性差异较大,一般是基本引力模型得到的边界效应小于单位弹性模型和多边阻力模型,后两者的大小相差无几。再次,与 Xing 和 Li (2011) 等研究相比,得到了较大的边界效应,这意味着从投入产出数据来看中国各省区确实是存在较大的本地偏好,以"边界"形式的各类贸易壁垒确实明显影响了区域间贸易。值得注意的是,由于本书采用的数据包含了服务贸易,因此统计口径更为广泛,但服务贸易的估计也更为粗糙。我们估计了 2007 年每个行业的边界效应,证实了服务贸易在地区间的流动确实要明显小于制造业产品在地区间的流动。鉴于服务业的不可贸易性,因此我们得到的较大的边界效应也属正常。最后,我们通过改变内部贸易距离的定义进行了灵敏度检验。

综上所述,尽管中国的市场一体化水平在 1997～2007 年的前五年中没有明显的增长,但是在后 5 年期间中国的内部市场一体化水平有了明显的提高。中国产品市场一体化迅速发展一方面可能是因为近年来交通网络的迅速扩展,另一方面中央政府也不断采取措施来增强产品市场的灵活度和改善欠发达地区的经济条件。在法律方面,国家从 2001 年开始分别实行了《国务院关于禁止在市场经济活动中实行地区封锁的规定》和《国务院关于整顿和规范市场经济秩序的决定》等法规,以反对地方保护主义;在政策方面,《中共中央关于制定十一五规划的建议》等区域发展政策也指出要落实区域发展总体战略,形成东中西优势互补、良性互动的区域协调发展机制,进一步打破行政性垄断和地区封锁,健全全国统一开放市场,推动"珠三角"、"长三角"、"开发大西北"、"中部崛起"、"振兴东北老工业基地"等区域经济合作计划的出台和开展。因此,建设国内开放市场,形成产品市场一体化,仍是中国政府下一步改革的重要方向。特别是在中国加入世界贸易组织和积极参与国际贸易的大背景下,中国的国内市场也开始有了较好的发展。当然,目前的市场整合水平仍与西方发达国家有一定的差距,中国政府还应该继续采取措施,推动省际贸易的进一步发展。

参考文献

[1] 许召元,李善同. 中国 2002 年省际间贸易估计,第四届中国管理学年会——城市与区域管理分会场论文集,2009 年.

[2] Anderson, J. and E. van Wincoop, Gravity with Gravitas: A Solution to the Border Puzzle, American Economic Review, 2003, 93 (1), 170 – 192.

[3] Anderson, Jemes E. and Eric van Wincoop, Trade Costs, Journal of Economic Literature, 2004, 42 (3), 691 – 751.

[4] Baier, S., and J. Bergstrand, Bonus vetus OLS: a simple solution for approximating international trade-cost effects using the gravity equation, Journal of International Economics, 2009, 77 (1), 77 – 85.

[5] McCallum, J., National Borders Matter: Canada-US Regional Trade Patterns, American Economic Review, 1995, 85 (3).

[6] Poncet, S., Measuring Chinese Domestic and International Integration, China Economic Review, 2003, 14 (1), 1 – 21.

[7] Poncet, S., A Fragmented China: Measure and Determinants of Chinese Domestic Mar-

ket Disintegration, Review of International Economics, 2005, 13 (3), 409 – 430.

[8] Tinbergen, J., Shaping the World Economy, The Twentieth Century Fund, New York. 1962.

[9] Wei, Shang-Jin, Intra-National versus International Trade: How Stubborn are Nations in Global Integration, NBER Working Paper, w. 1996. 5531.

[10] Xing, W. and S. Li, Home Bias, Border Effect and Internal Market Integration in China: Evidence from Inter-provincial Value-added Tax Statistics, Review of Development Economics, 2011, 15 (3), 491 – 503.

[11] Xu, Z., and S. Li, An Estimation of Interprovincial Trade in China in 2002, the Fourth Annual Conference on Management in China. 2009.

第五章　出口对各省经济贡献的测算

对外开放在中国经济高速增长的过程中一直扮演着十分重要的角色，一方面为中国经济提供了广阔而巨大的市场，加速了中国经济更快地融入全球产业分工和产业体系；另一方面也为中国经济带来了资金和先进的技术与管理经验，提高了国内资源的利用和配置效率，增强了中国经济的国际竞争力。尤其是加入 WTO 之后，中国经济与全球经济的融合更加深入，也更加全面。2012 年中国进出口总额达到 38667.6 亿美元，是 2001 年的 6.6 倍。中国相继超越英国、法国、日本和德国，成为仅次于美国的世界第二贸易大国。李善同等（2010）的研究显示 2007 年出口对中国经济的贡献度达到 27.4%，进口的贡献度达到 14.6%。

正是因为对外贸易对中国经济的作用日趋显著，中国经济与全球经济的联系日趋紧密，全球经济的变化对中国经济的影响也越来越大。2008 年国际金融危机以来中国经济与全球经济互动关系是对此最好的印证，而近一两年来，全球经济的持续低迷更是中国经济增速大幅下滑的重要推手。因此，针对出口对中国经济的影响分析也成为热点，如何促进出口以提振中国经济也成为决策者们关心的重要问题。

与其他国家不同的是，中国区域辽阔，区域之间的区位条件、自然禀赋等存在较大的差异，因此各区域参与国家分工的形式和在全球产业链中的位置存在较大差异，由此国际市场的变化对中国不同区域经济的影响也存在较大不同。尽管从直接的贸易数据来看，中国接近 90% 的进出口贸易都集中在东部地区的十省，但这是否意味着国际市场的变化只对东部地区省份的经济产生较大影响呢？在国内市场一体化程度不断提高的背景下，这需要深入分析。总之，如何正确地认识和测算出口对中国不同地区经济的影响，不仅对地方政府，也对中央政府制定政策具有十分重要的意义。

第一节　文 献 综 述

从现有的文献来看，定量研究出口对经济的影响作用主要有四类：

第一类，利用直接的外贸依存度，即出口占该地区 GDP 的比重来反映出口对当地经济的影响。这一方法虽然直观，但存在两个问题：一是出口和 GDP 两者不对等，前者反映的是总值，大致相当于企业生产的出口品的销售总值，而后者属于增加值的范畴，反映的是企业生产活动带来的附加价值，因此两者本质上是不可比，也正是因为如此会出现依据这种方法测算的对外依存度会大于 100% 的现象；二是这一方法缺乏对经济内在联系的考虑，尤其是不能测算出口对 GDP 创造的贡献度。

第二类，利用国民收入恒等式将 GDP 分解为消费、投资和净出口，利用弹性公式测算净出口对经济增长的贡献。如王子先（1998）、彭福伟（1999）。这一方法只是事后核算净出口的贡献，但是割裂了进出口与生产活动之间的联系，结果往往低估了外贸对经济增长的贡献，而且也不能直接测算出口的贡献。一些学者在对比了以往各年的 GDP 与净出口数据之后发现，"净出口与国内生产总值增长之间是一种'负相关的关系'"（张小济、胡江云，1999），这也说明这一方法可能低估或者错误反映外贸的贡献。

第三类，利用计量模型回归分析出口对经济增长的影响。Ghirmay（2001）利用 15 个低收入发展中国家（LDCs）的时间序列数据，采用 VECM 模型研究了出口、投资和经济增长的关系。Islam（1998）利用 VEM 模型研究了 15 个东南亚国家的出口扩张与经济增长的关系。Jordan Shan（1998）利用多元因果检验的方法，研究了出口与中国经济增长的关系。林毅夫、李永军等（2003）认为完整地考察出口与经济增长之间的关系必须同时考虑出口增长对经济增长的直接和间接推动作用，利用多元计量方程组的估计结果表明，20 世纪 90 年代以来外贸出口每增长 10%，基本上能够推动 GDP 增长 1%。高伟刚、徐永辉（2009）运用计量模型对山东省 GDP、投资、消费和出口的关系进行实证分析，结果显示投资是拉动山东省 GDP 增长的首要因素，出口的拉动最小。这一方法需要用到较长的时间序列数据，所以更适合出口对经济增长的作用比较稳定的成熟经济体，而对中国这样外贸急速增长和结构快速变化的国家并不能很好地测度出口的贡献。

第四类，利用投入产出表来测度出口对经济的影响。投入产出模型是全面反映国民经济各部门在生产过程中互相依存、互相制约的经济技术联系的分析工具。这一方法利用投入产出恒等式和投入产出乘数模型来测度出口通过国民经济生产部门之间的相互联系对经济产生循环累计效应，进而产生直接和间接的影响。沈利生、吴振宇（2003）推导了利用投入产出表计算出口对 GDP 形成及增长贡献的方法。计算了各部门的出口对 GDP 增长的贡献，分析了 1997～2001 年单位出口贡献率下降的原因。"中国 2007 年投入产出表分析应用"课题组（2010）利用分离出进口及加工贸易的非竞争型投入产出表测算了三大需求因素对 GDP 的贡献。这类方法与前面几类方法相比优点在于利用了乘数原理，满足国民经济核算关系，同时充分考虑了结构的影响，既可以测算宏观作用，也可以测算部门的影响。缺点在于对数据要求较高，需要投入产出表的支持。

综合比较前面几类方法不难发现，第四类方法更加适合测算中国的出口对经济的作用，尤其是测算某一年的出口贡献。但是目前尚未发现利用这类方法研究出口对中国不同区域经济影响的文献，只有个别文献利用（单）区域投入产出表来分析出口对区域经济的拉动作用。如 Sanmang Wu 和 Shantong Li（2012）利用 1997 年、2002 年和 2007 年 30 个省（区、市）的各自投入产出表测算了消费、投资、国外出口和国内调出"四驾马车"对各地区经济增长的拉动作用。研究表明出口对东部地区经济增长的拉动力最强，投资与国内调出是中西部地区经济增长的主要拉动力，我国各地区消费支出对经济增长的贡献率均比较低。单区域投入产出模型虽然反映了本区域对外贸易与内部经济的互动作用，但是没有反映一国内部不同区域之间的经济联系，也就没有反映对外贸易在不同区域之间的溢出和反馈效应。因此，虽然这种利用单区域投入产出表的方法可以从一定程度上反映本地区出口对该地区经济的影响，但是无法从全国角度测算全国的出口对不同区域经济的影响；而且由于缺少区域间的联系，容易得出有偏差的结果。另外，虽然也有很多学者利用多区域投入产出的分析，但是基本都是围绕区域间的经济联系的测度，没有测算出口对不同区域的影响。如张亚雄、赵坤（2006）利用区域间投入产出模型测度了区域间产业关联、溢出效应和反馈效应。潘文卿和李子奈（2007）同样利用区域间投入产出表研究发现沿海地区经济发展对内陆地区的溢出效应并不明显，甚至还不及内陆地区对沿海地区的溢出效应。潘文卿和李子奈（2008）通过多区域投入产出模型，从最终产品对总产品生产的影响角度分析了环渤海、长三角、珠三角这三大增长极对我国内陆经济发展的外溢效应。类似的研究有很多，如吴福象、朱雷（2010）、刘卫东等（2012）等。

从现有的文献可以看出，从全国角度更准确地测算出口对不同区域经济的拉动作用需要区域之间的贸易联系数据和模型，而多区域投入产出模型由于既包含了区域内部的产业间联系，也包含了区域之间的产业间联系，因此可以用来分析出口对不同区域的拉动作用。因此，本书从第四类方法入手，构建中国的多区域投入产出模型，利用该模型来测算全国出口和各区域出口对各区域经济的影响。

第二节 多区域投入产出模型及数据来源

一、多区域投入产出模型

从20世纪后半个世纪以来，投入产出模型已经被应用于一个国家内部不同区域的研究。Miller and Blair（1985）认为以一国内部区域层面存在两个典型的特征使得利用区域投入产出模型进行分析成为必要：其一，就是一国各区域具有不同的生产技术特征，区域之间可能接近，抑或相距甚远，但是不会完全相同，这在投入产出表中就表现为不同中间投入结构；其二，就是一国内部区域对外部经济的依赖，这不仅表现为国际贸易，也表现为国内贸易。正是因为如此，区域投入产出模型成为研究区域问题非常重要的工具。

从投入产出模型的理论来看，Isard（1951）提出的区域间投入产出模型（Interregional Input-Output tables/models）是最为理想的区域间经济联系分析工具，该投入产出表不仅包含区域内部的经济联系，而且拥有十分详细的区域经济联系，能够明确各区域每一种用途的商品来源。但是在现实中，由于很难收集这种非常翔实的贸易数据，因此，很少有研究采用Isard提出的区域间投入产出模型。为了克服这一数据收集的难点，Chenery（1953）和Moses（1955）分别提出了Multi-regional input-output model（MRIO模型），也称为Chenery-Moses模型或列系数模型。该模型假设各区域不同用途（不同部门的中间投入、最终消费和投资）的商品其来源构成是一样。因此，对区域间的贸易数据只需要了解生产地和使用地，而无须了解该贸易品是被用于哪个部门，还是被用于最终消费或投资，这大大地减少了数据的需求量。因此，本书将采用Chenery和Moses提出的MRIO模型。

假定一国内部有 n 个区域，m 个生产部门，进一步假设每个产业只生产一种产品（反之亦然）。因此，从需求角度而言，区域 r 部门 i 产品的总需求可以用以下方程表示：

$$\begin{aligned}x_i^r = &(t_{i1}^{r,1} + t_{i2}^{r,1} + \cdots + t_{i,12}^{r,1} + t_{i,13}^{r,1} + f_i^{r,1}) \cdots\cdots\text{区域 1 对区域 } r \text{ 的产品 } i \text{ 的总需求} \\ &+ (t_{i1}^{r,2} + t_{i2}^{r,2} + \cdots + t_{i,12}^{r,2} + t_{i,13}^{r,2} + f_i^{r,2}) \cdots\cdots\text{区域 2 对区域 } r \text{ 的产品 } i \text{ 的总需求} \\ &+ \cdots \\ &+ (t_{i1}^{r,r} + t_{i2}^{r,r} + \cdots + t_{i,12}^{r,r} + t_{i,13}^{r,r} + f_i^{r,r}) \cdots\cdots\text{区域 } r \text{ 对本区域产品 } i \text{ 的总需求} \\ &+ \cdots \\ &+ (t_{i1}^{r,30} + t_{i2}^{r,30} + \cdots + t_{i,12}^{r,30} + t_{i,13}^{r,30} + f_i^{r,30}) \cdots\cdots\text{区域 30 对区域 } r \text{ 的产品 } i \text{ 的总需求} \\ &+ e_i^r \cdots\cdots\text{区域 } r \text{ 产品 } i \text{ 出口需求}\end{aligned}$$

(5.1)

其中，i、j 表示生产部门（$i, j = 1, \cdots, m$），r、s 表示区域（$r, s = 1, \cdots, n$）。X_i^r 表示区域 r 部门 i 产品的总需求/产出；$t_{ij}^{r,s}$ 表示区域 s 部门 j 对区域 r 部门 i 产品的中间投入需求；$f_i^{r,s}$ 表示区域 s 对区域 r 部门 i 产品的国内最终需求（包括最终消费和投资）；e_i^r 区域 r 部门 i 产品的出口需求。

从公式（5.1）可以看出，一个区域产品需求不仅包含区域内部中间投入需求和最终需求，还包含国内其他区域对该区域产品的中间投入需求和最终需求，另外还包含该区域的出口需求。

区域投入产出模型中最为关键的就是产品流向 O－D 矩阵。基于 O－D 矩阵，可以得到贸易系数，即每一区域每种用途产品来源的区域构成或每一区域每种产品的去向的区域构成。因此，本文采用了 MRIO 模型，其假设目的地区域各种用途的产品来源构成是相同的。将 O－D 矩阵各元素除以其列之和，就可以可得到相应的贸易系数，即可以测算区域 r 对产品 i 的总需求由本区域提供的比例 $c_i^{r,r}$ 和由其他区域供给的比例 $c_i^{s,r}$。

表 5－1　　　　　　　　　产品 i 的流向矩阵（O－D matrix）

		目的地		
		1	...	n
货源地	1	$z_i^{1,1}$	$z_i^{1,s}$	$Z_i^{1,n}$
	...	...	...	...
	N	$z_i^{n,1}$	$z_i^{n,s}$	$Z_i^{n,n}$
	合计	d_i^1	d_i^s	d_i^n

$$c_i^{r,r} = \frac{z_i^{r,r}}{d_i^r}, \quad c_i^{s,r} = \frac{z_i^{s,r}}{d_i^r}$$

利用各区域的投入产出表，还可以得到各区域对国内产品的中间投入技术系数 a_{ij}^r，该系数反映区域 r 生产单位产品 j 对各种国内产品的投入需求，既包括来自本区域的产品，也包括来自国内其他区域的产品（Moses，1955）。具体用公式表示就是：

$$a_{ij}^r = \frac{t_{ij}^{\bullet,r}}{x_j^r} \tag{5.2}$$

其中，符号 ● 表示对所有来源区域的汇总。将贸易系数和中间投入系数代入公式

(5.1)，可以得到如下公式：

$$\begin{aligned}
x_i^r = &\, (c_i^{r,1} a_{i1}^1 x_i^1 + \cdots + c_i^{r,1} a_{i,13}^1 x_i^1 + c_i^{r,1} f_i^{\bullet 1}) \\
&+ \cdots \\
&+ (c_i^{r,30} a_{i1}^{30} x_i^{30} + \cdots + c_i^{r,30} a_{i,13}^{30} x_i^{30} + c_i^{r,30} f_i^{\bullet 30}) \\
&+ e_i^r
\end{aligned} \tag{5.3}$$

其中，$i=1,\cdots,13$。公式（5.2）可以改写出矩阵形式，即：

$$X = CAX + CF + E \tag{5.4}$$

其中 X 表示产出矩阵，C 为贸易系数矩阵，A 为国内的中间投入系数矩阵，F 为最终需求矩阵，E 为出口矩阵。具体各矩阵元素形式如下：

$$C = \begin{bmatrix} C^{1,1} & \cdots & C^{1,n} \\ \cdots & \cdots & \cdots \\ C^{n,1} & \cdots & C^{n,n} \end{bmatrix}, \text{其中}, C^{r,s} = \begin{bmatrix} c_1^{r,s} & 0 & 0 & 0 \\ 0 & c_2^{r,s} & 0 & 0 \\ 0 & 0 & \ddots & 0 \\ 0 & 0 & 0 & c_{13}^{r,s} \end{bmatrix}$$

为贸易系数，即从区域 r 流向区域 s 部门 i 产品占各区域流向区域 s 部门 i 产品的比重。

$$A = \begin{bmatrix} A^1 & 0 & 0 & 0 \\ 0 & A^2 & 0 & 0 \\ 0 & 0 & \ddots & 0 \\ 0 & 0 & 0 & A^{30} \end{bmatrix} \text{其中} A^r = \begin{bmatrix} a_{1,1}^r & \cdots & a_{1,13}^r \\ \cdots & \cdots & \cdots \\ a_{13,1}^r & \cdots & a_{13,13}^r \end{bmatrix},$$

为区域 r 区域部门 j 国内产品中间投入技术系数。

进一步改写公式（5.3）可以得到公式（5.4），

$$\begin{aligned} X = CAX + CF + E &\Rightarrow (I - CA)X = CF + E \\ &\Rightarrow X = (I - CA)^{-1}(CF + E) \end{aligned} \tag{5.5}$$

公式（5.4）就可以用来做模拟分析，即可以测算各种最终需求（包括国内消费、投资和出口）对总产出的拉动作用。如果采用单位变化量进行计算，也可以测算各种最终需求的乘数效应。由于本书研究的重点是测算出口对各区域经济影响，因此，将公式（5.4）中的出口分离出来，即可得到：

$$XE = (I - CA)^{-1} E \tag{5.6}$$

其中，XE 为全国各地区出口拉动的总产出。进一步引入各部门的增加值率，可得：

$$VAE = V(I - CA)^{-1} E \tag{5.7}$$

其中，VAE 为全国各地区出口对各地区增加值的拉动，包括直接拉动和间接拉动，具体矩阵元素形式如下：

$$V = \begin{bmatrix} V^1 & \cdots & 0 \\ \vdots & \ddots & \vdots \\ 0 & \cdots & V^n \end{bmatrix} \text{其中} V^r = \begin{bmatrix} v_1^r & \cdots & 0 \\ \vdots & \ddots & \vdots \\ 0 & \cdots & v_m^r \end{bmatrix} \text{为区域 } r \text{ 部门 } i \text{ 的增加值率。}$$

$$VAE = \begin{bmatrix} VAE^1 \\ VAE^2 \\ \vdots \\ VAE^n \end{bmatrix}, \text{ 其中 } VAE^r = \begin{bmatrix} vae_1^r \\ vae_2^r \\ \vdots \\ vae_m^r \end{bmatrix}, \text{ 为全国各区域出口拉动区域 } r \text{ 部门 } i \text{ 的增加值。}$$

全国出口拉动区域 r 的增加值为：

$$RVAE^r = \sum_{i=1}^{m} vae_i^r \tag{5.8}$$

全国各区域出口拉动的全国增加值为：

$$TVAE = \sum_{r=1}^{n} RVAE^r \tag{5.9}$$

即可以将全国出口总拉动的增加值分解成全国出口拉动不同区域的增加值之和。此外，还可以进一步分解得到区域 r 出口对全国增加值的拉动和对区域 s 增加值的拉动。

$$VAE^{\bullet,r} = V(I - CA)^{-1} E^r \tag{5.10}$$

$VAE^{\bullet,r}$ 为区域 r 出口对全国各区域增加值的拉动。E^r 为区域 r 出口矩阵。$VAE^{\bullet,r}$ 矩阵元素形式如下：

$$VAE^{\bullet,r} = \begin{bmatrix} VAE^{1,r} \\ VAE^{2,r} \\ \vdots \\ VAE^{n,r} \end{bmatrix} \tag{5.11}$$

其中，$VAE^{s,r}$ 为区域 r 出口拉动区域 s 的增加值，$VAE^{s,r}$ 矩阵元素形式如下：

$$VAE^{s,r} = \begin{bmatrix} vae_1^{s,r} \\ vae_2^{s,r} \\ \vdots \\ vae_m^{s,r} \end{bmatrix} \tag{5.12}$$

$vae_i^{s,r}$ 为区域 r 出口拉动区域 s 部门 i 的增加值。因此，区域 r 出口拉动区域 s 的增加值总和为：

$$VAE^{s,r} = \sum_{i}^{m} vae_i^{s,r} \tag{5.13}$$

利用公式（13）可以测算出口对某一区域增加值的直接拉动作用和间接拉动作用。当 $r = s$ 时，$VAE^{s,s}$ 为区域 s 出口对自身增加值的直接拉动，而当 $r \neq s$ 时，为其他区域 r 出口对区域 s 增加值的间接拉动。

二、数据来源

本文采用国务院发展研究中心和国家统计局合作编制的 1997 年、2002 年和 2007 年中国多区域投入产出表。其中，2007年中国多区域投入产出表也是中国目前最新的多区域投入产出表。这些多区域投入产出表包含30个省份，每个区域包含42个部门。这些多区域投入产出表是在各省投入产出表的基础上，基于铁路运输等数据利用引力模型估计区域间贸易编制而成。为了研究的方便，本研究将42个部门汇总归并成13个部门，关于具体的部门分类参见本章附录。

第三节 测算结果及其分析

一、全国出口对各省份GDP的拉动作用分析

正如前面分析所指出，本章测算的全国出口对各省经济拉动作用（VAE）与各省的出口总额存在两方面的区别：一是，VAE反映的是增加值，即全国出口给各省创造的增加值；二是，VAE不仅反映了各省自身出口的直接拉动作用，还反映其他省份出口对该省的间接拉动作用。表5-2给出了基于多区域投入产出表测度的2007年全国出口对各省份GDP的拉动作用（包括直接拉动作用和间接拉动作用）。其中，第2列为各省的GDP，第3列和第4列为全国出口拉动各省的增加值及其占各省GDP比重（即为全国出口对各省份GDP的拉动作用）。第5列和第6列为各省出口总额及其占各省GDP比重（即为各省出口依存度）。

表5-2　　　　　　　2007年全国出口对各省份的拉动作用

地区		GDP（亿元）	全国出口拉动各省份的增加值（VAE）（亿元）	全国出口对各省份GDP的拉动作用（VAE/GDP）（%）	各省份出口总额（亿元）	各省对外依存度（%）
东部地区省份	北京	9579	2579	27	4363	46
	天津	5050	1564	31	2248	45
	河北	13778	2736	20	1388	10
	上海	12189	5143	42	11220	92
	江苏	26508	9044	34	13508	51
	浙江	18839	6009	32	9590	51
	福建	9249	2840	31	3829	41
	山东	25575	6592	26	6765	26
	广东	30843	13118	43	28666	93
	海南	1203	181	15	184	15
中部地区省份	山西	5733	1020	18	569	10
	安徽	7335	1152	16	650	9
	江西	5500	542	10	408	7
	河南	15012	1806	12	679	5
	湖北	9402	889	9	599	6
	湖南	9200	859	9	448	5

续表

地区		GDP（亿元）	全国出口拉动各省份的增加值（VAE）（亿元）	全国出口对各省份GDP的拉动作用（VAE/GDP）（%）	各省份出口总额（亿元）	各省对外依存度（%）
西部地区省份	内蒙古	6288	1119	18	268	4
	广西	5959	784	13	435	7
	重庆	4179	405	10	304	7
	四川	10505	751	7	497	5
	贵州	2772	355	13	146	5
	云南	4758	555	12	182	4
	陕西	5575	987	18	386	7
	甘肃	2753	521	19	442	16
	青海	797	72	9	68	9
	宁夏	899	146	16	122	14
	新疆	3596	653	18	278	8
东北地区省份	辽宁	11194	2422	22	2466	22
	吉林	5407	684	13	274	5
	黑龙江	7071	1142	16	383	5

从表 5-2 反应的结果来看，全国出口对中国各省份 GDP 的拉动作用存在较大差别。其中，全国出口对绝大多数中国东部地区省份的 GDP 拉动作用较大，最大的是广东省，2007 年全国出口拉动其增加值 13118 亿元，占其 GDP 的 43%。而全国出口对中部省份 GDP 的拉动作用最小，如湖南、湖北，全国出口拉动的增加值占其 GDP 的比重只有 9% 左右。一个非常有意思的发现是，尽管西部地区省份离出口口岸最远，但是全国出口对西部地区省份 GDP 的拉动作用却并非最低，而是平均来看要高于中部地区的省份（西部地区 11 个省份全国出口拉动增加值占 GDP 比重的算术平均值为 7.8%，而中部地区 6 个省份全国出口拉动增加值占 GDP 比重的算术平均值为 7%）。

表 5-2 同时还给出了各省份的出口对依存度。从表中的数据来看，绝大多数东部地区的省份出口对外依存度较高，最高的广东省，2007 年其出口对外依存度高达 93%。这在一定程度上也解释了为什么全国出口对东部地区 GDP 的拉动作用非常之大。但是，对比东部地区各省份出口对外依存度和全国出口对其 GDP 的拉动作用，可以发现全国出口对其 GDP 的拉动作用要远远小于其出口对外依存度，如广东省的出口对外依存度为 93%，而全国出口拉动的增加值占其 GDP 的比重仅为 43%。这其中存在两个重要的原因：其一，中国的对外贸易很大一部分属于加工贸易，即大量的出口需要大量进口中间投入品，而国内的增加值率很低，因此尽管可能出口对外依存度较高，但是出口拉动的增加值占比可能相对较低；其二，区域之间的经济联系使得东部地区省份的出口存在很大溢出效应，即东部地区省份的出口需要从内陆省份购买中间原材料等，从而拉动了内陆省份的 GDP。正因为如此，不能简单利用出口对外依存度来反映出口对一个省份 GDP 的拉动作用。事实上，如果利用对出口对外依存度来衡量出口对东部地区经济发展的影响，往往会高估其的作用。

而从其他区域来看，中西部地区和东北地区省份的出口对外依存度要远远低于东部省份，其中西部地区最低，只有6.39%。前面的分析曾指出，出口对西部省份的拉动作用并非最低，而是要高于中部地区。结合西部地区出口对外依存度最低的事实，可以推断出西部地区省份与东部地区省份的经济联系要高于中部地区。进一步对比西部省份的出口对外依存度和出口的拉动作用可以发现，对于西部省份而言，全国出口对其GDP的拉动作用要远远大于其出口对外依存度。如云南2007年其出口对外依存度只有4%，而全国出口对其GDP的拉动作用高达12%。内蒙古、广西、重庆、四川、贵州、云南、陕西、甘肃、青海、宁夏和新疆等西部地区省份全国出口对其GDP的拉动作用也明显高于其出口对外依存度。可见，对西部地区的省份而言，如果利用出口对外依存度来反映出口对其经济的影响，由于没有考虑到其他地区出口生产的溢出效应，将低估出口对其经济发展的影响。

从全国出口对各省份拉动作用的变化来看（见表5-3），总体而言全国出口对各省份拉动的作用逐渐增强，尤其是2002~2007年全国出口对各省份拉动的作用增强趋势更加明显。如全国出口拉动上海市的增加值占其GDP的比重由1997年的28%上升到2007年的42%。这表明中国各省份受到出口的影响日益增强，中国各省份通过直接和间接途径日益融入全球市场。此外，表5-3还进一步表明了东部地区省份出口对外依存度普遍低于全国出口对其GDP的拉动作用，而中地区和西部地区的省份出口对外依存度普遍高于全国出口对其GDP的拉动作用。

表5-3　　　　　　　　全国出口对各省份拉动作用的变化　　　　　　　　单位：%

地区		各省份出口对外依存度			全国出口对各省份GDP的拉动作用（VAE/GDP）		
		1997年	2002年	2007年	1997年	2002年	2007年
东部地区省份	北京	35	19	46	23	16	27
	天津	36	49	45	24	28	31
	河北	6	6	10	12	11	20
	上海	41	56	92	28	33	42
	江苏	19	31	51	19	23	34
	浙江	20	31	51	19	23	32
	福建	33	30	41	25	25	31
	山东	16	16	26	16	16	26
	广东	91	68	93	43	35	43
	海南	19	7	15	16	11	15
中部地区省份	山西	12	8	10	16	11	18
	安徽	6	6	9	11	11	16
	江西	6	3	7	8	6	10
	河南	4	3	5	7	6	12
	湖北	6	4	6	8	6	9
	湖南	5	4	5	8	6	9

续表

地区		各省份出口对外依存度			全国出口对各省份 GDP 的拉动作用（VAE/GDP）		
		1997 年	2002 年	2007 年	1997 年	2002 年	2007 年
西部地区省份	内蒙古	6	4	4	11	8	18
	广西	9	6	7	12	9	13
	重庆	4	5	7	9	8	10
	四川	5	5	5	7	6	7
	贵州	6	4	5	8	8	13
	云南	8	4	4	10	6	12
	陕西	9	0	7	10	5	18
	甘肃	4	10	16	7	9	19
	青海	7	9	9	9	8	9
	宁夏	9	3	14	11	6	16
	新疆	4	6	8	9	10	18
东北地区省份	辽宁	21	18	22	18	17	22
	吉林	10	7	5	12	12	13
	黑龙江	12	5	5	15	10	16

二、出口总体溢出效应分析

前面分析的是全国出口对各省份 GDP 的拉动作用。这种拉动作用一部分是由本地出口拉动实现的，可以称之为直接拉动作用；还有一部分是由其他省份的出口拉动实现的，可以称之为区域间出口的溢出效应。图 5-1 给出了 2007 年各省份出口的直接拉动作用，即各省份由本地区出口拉动自身的增加值占全国出口拉动其增加值的比重（纵轴）。从图 5-1 显示的结果来看，东部地区省份出口的直接拉动作用较强，基本占到了其全部拉动作用的 80~90%，如 2007 年广东自身出口拉动自身的增加值占全国出口拉动其增加值比重的 90%；而中西部地区省份出口的直接拉动作用则较弱，尤其是一些资源类的西部省份，如山西、内蒙古、陕西等（山西、内蒙古和陕西是中国主要煤炭等能源产区，2012 年分别产煤 9.94 亿吨、9.6 亿吨和 4.63 亿吨，分别位居中国各省份煤产量的第一、第二和第三位）本区域出口拉动的增加值仅占全国出口拉动其增加值的 10%~20% 左右，这表明出口对这些省份的拉动作用主要来源于区域间出口的溢出效应。

为进一步反映对各省份出口拉动作用的来源不同，我们列出了 1997 年、2002 年、2007 年各省份受到的出口间接拉动作用变化（见表 5-4）。从表 5-4 反映的结果来看，各省份受出口间接拉动的增加值呈现明显上升趋势，表明中国国内市场化一体化水平不断提高，省份之间的经济关联性不断增强。但是从地区角度来看，中部地区、西部地区和东北地区的省份受到的出口间接拉动作用一直较高，而东部地区省份受到的出口间接拉动作用一直较低。此外，表 5-4 还表明，西部地区的内蒙古、陕西、贵州、云南等省份受到的出口间接拉动作用逐年增强，如内蒙古受到的出口间接拉动作用由 1997 年的 60% 上升到 2002 年的 63% 再上升至 2007 年的 82%。这表明出口对这些省份经济的拉动作用越来越多通过其他省份出口的溢出效应实现，或者说是其他省份通过从这些省份购入原材料（包括能源），再组织生产出口，进而带动这些省份经济增长。因此，这些省份作为其他省份出口的原材料供应地的特征更加明显。结合东部地区省份出口的直接拉动作用较强的特点，这也进一步表明中国区域经济发展的格局更加呈现：东部地区省份通过加工贸易等形式日益嵌入全球产业链体系，而西部地区更多省份并没有直接融入全球产业链体系，而是日益作为东部地区省份的原材料供给基地。这一方面凸显了中国国内市场一体化水平日益提高，省际间经济联系加强，但是也对将带来更明显的区域发展差距（刘志彪、张少军，2008）。

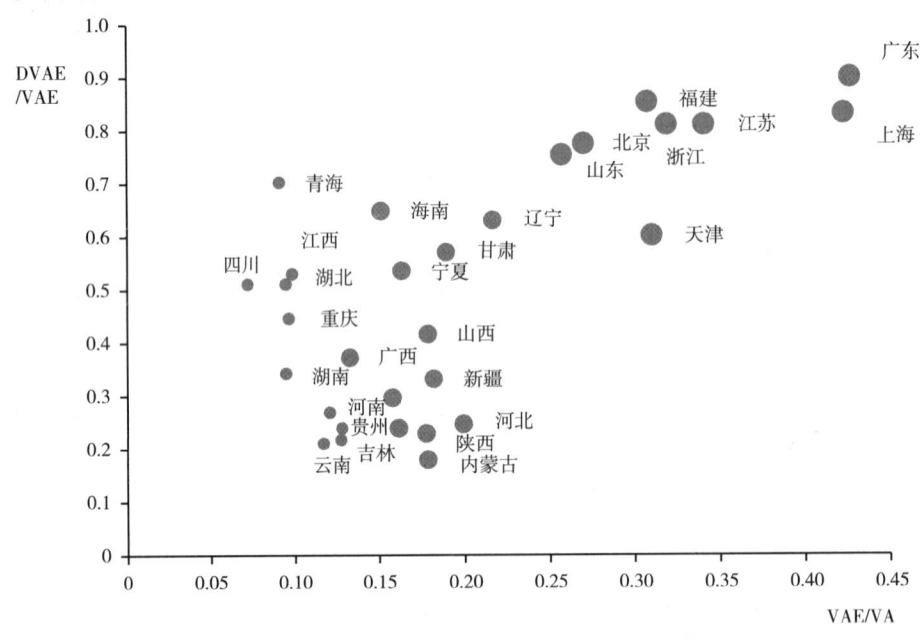

图 5-1　2007 年各省份受到出口的直接拉动作用

注：纵轴为各省份本地区出口拉动自身的增加值占全国出口拉动该省份增加值的比重，横轴为各省份全国出口拉动该省份增加值占其 GDP 的比重。

表 5-4　各省份受到的出口间接拉动作用变化

地区		各省份受其他省份出口间接拉动的增加值（亿元）			各省份受到的出口间接拉动作用（%）		
		1997 年	2002 年	2007 年	1997 年	2002 年	2007 年
东部地区省份	北京	63	241	578	16	34	22
	天津	83	133	622	28	22	40
	河北	324	442	2055	68	67	75
	上海	183	262	869	20	14	17
	江苏	468	333	1718	38	14	19
	浙江	186	423	1137	22	23	19
	福建	114	96	416	15	9	15
	山东	281	380	1607	26	24	24
	广东	159	265	1291	5	6	10
	海南	21	36	63	27	55	35

续表

地区		各省份受其他省份出口间接拉动的增加值（亿元）			各省份受到的出口间接拉动作用（%）		
		1997年	2002年	2007年	1997年	2002年	2007年
中部地区省份	山西	107	94	596	47	36	58
	安徽	192	292	809	65	72	70
	江西	66	88	256	48	60	47
	河南	160	192	1316	56	56	73
	湖北	133	125	436	47	50	49
	湖南	119	145	564	52	56	66
西部地区省份	内蒙古	69	100	919	60	63	82
	广西	115	126	491	48	57	63
	重庆	81	116	225	68	70	56
	四川	101	112	365	43	40	49
	贵州	34	62	269	53	64	76
	云南	68	83	436	41	56	79
	陕西	56	109	761	42	67	77
	甘肃	36	40	223	64	35	43
	青海	10	9	22	56	33	30
	宁夏	12	16	68	51	68	46
	新疆	67	96	435	68	58	67
东北地区省份	辽宁	129	228	888	20	25	37
	吉林	68	186	532	40	67	78
	黑龙江	176	224	863	44	59	76

注：相关省份受其他省份出口拉动的增加值之和与全国出口拉动其增加值之比。

对于某一省份而言，不仅将受到其他省份出口的溢出效应影响，同时也会对其他省份生产出口溢出效应。表5-5列出了1997、2002和2007年中国各省份出口对其他省份产生的溢出效应。从各省份出口溢出的增加值来看，东部地区各省份的出口溢出效应更强，出口溢出效应最大是广东省，2007年其出口拉动其他省份的增加值达到6078亿元。而西部地区省份的出口溢出效应相对更小，2007年西部地区省份出口拉动其他省份的增加值基本在100亿元以内。这一方面与东部地区省份出口总量相对较大有关；另一方面也各省份在产业链中所处的位置有关，东部地区省份相对处于产业链的下游，因而其出口的拉动作用较大；而中西部地区省份处于产业链的上游，因而拉动作用较小。

从各省份出口拉动其他省份的增加值之和占其出口拉动的总增加值占比来看（即出口溢出作用），东部地区省份的出口溢出效应总体更强。但是，相较出口溢出的增加值而言，东部地区省份出口溢出作用不明显。导致这种状况出现的主要原因是，尽管东部省份对其他省份的出口溢出增加值较大，但是由于中国经济，特别是制造业主要集聚在东部地区省份，且形成较强集聚效应及配套能力。因此，东部地区省份出口产品的生产过程中主要在本区域内完成，对本省份的经济拉动作用更加明显，而对其他地区省份溢出的占比并不高。

表 5-5 各省份出口的溢出效应变化

地区		出口溢出的增加值（亿元）①			出口溢出比重（亿元）②		
		1997 年	2002 年	2007 年	1997 年	2002 年	2007 年
东部地区省份	北京	127	237	1211	27	34	38
	天津	136	306	858	39	40	48
	河北	77	115	562	33	34	45
	上海	334	518	2234	31	24	34
	江苏	340	495	2563	31	19	26
	浙江	173	784	3148	20	36	39
	福建	174	185	868	22	16	26
	山东	172	269	1019	18	18	17
	广东	1457	1430	6078	33	24	34
	海南	21	11	18	28	28	13
中部地区省份	山西	45	25	76	27	13	15
	安徽	53	69	240	34	38	41
	江西	21	21	90	22	27	24
	河南	32	34	145	20	18	23
	湖北	36	27	103	19	18	19
	湖南	38	26	117	25	19	28
西部地区省份	内蒙古	18	14	49	28	20	20
	广西	42	46	102	25	33	26
	重庆	18	35	96	32	42	35
	四川	27	35	79	16	17	17
	贵州	15	10	47	34	22	36
	云南	30	17	35	24	20	23
	陕西	37	2	128	32	32	36
	甘肃	10	38	101	33	33	25
	青海	5	12	10	39	41	17
	宁夏	6	4	37	34	37	32
	新疆	12	19	46	28	22	17
东北地区省份	辽宁	122	175	596	19	20	28
	吉林	36	55	98	27	38	39
	黑龙江	69	33	76	23	18	21

① 各省份出口拉动其他省份的增加值之和。
② 各省份出口拉动其他省份的增加值之和占其出口拉动的增加值总和之比。

三、省份间出口溢出效应分析

尽管前文已经分析了出口的溢出效应,但是尚未给出具体省份之间的出口溢出效应,如广东省出口对哪个省份的溢出效应最大,各省份主要受哪些省份出口溢出效应的影响。因此,需要进一步分析。附录2给出了2007年对各省份出口溢出效应最大的三个省份及相关数据。可见,东部地区的广东、浙江、江苏和上海等省份是中国各地区(包括东部地区、中部地区、西部地区和东北地区)省份出口溢出效应的主要来源地区,尤其是广东几乎是所有省份的最大出口溢出效应来源地。如2007年陕西省最大的前三个出口溢出来源省份分别为:广东、浙江和江苏,这三个省份出口拉动的增加值分别占其他所有省份出口拉动陕西增加值之和的29%、12%和10%,这三个省份出口共拉动陕西增加值187亿元。广东、浙江、江苏和上海等成为中国各省份主要出口溢出来源地的主要原因是,正如前文指出的这些省份出口量占中国比重比较大,同时也是中国加工贸易发展主要区域,由此对其他省份经济发展的出口拉动作用更加明显。广东出口对西部地区省份采掘业(A02)、金属冶炼、压延及制品(A06)等资源密集型产业增加值拉动最明显(见表5-6)。如2007年广东出口拉动内蒙古增加值250亿元,其中拉动采掘业增加值86.7亿元,金属冶炼、压延及制品业39.9亿元。这进一步印证了前文提出的中国区域经济格局呈现,东部地区省份作为出口的主要地区,而西部地区省份主要作为东部地区省份的原材料供给基地。

表5-6　　2007年广东出口拉动西部地区各省份不同部门的增加值　　单位:亿元

部门	内蒙古	广西	重庆	四川	贵州	云南	陕西	甘肃	青海	宁夏	新疆
A01	20.4	36.0	5.8	21.2	4.9	9.2	17.5	1.8	0.3	0.5	14.0
A02	86.7	10.4	2.5	7.8	17.4	6.9	59.4	12.6	2.1	2.6	82.5
A03	22.3	21.8	4.0	11.3	6.1	25.4	6.9	0.5	0.1	0.5	2.3
A04	6.7	10.3	3.6	7.5	3.4	4.6	24.1	9.9	0.7	1.6	7.0
A05	2.3	1.3	0.5	0.7	0.5	0.2	0.9	0.4	0.0	0.1	0.2
A06	39.9	27.2	7.8	14.1	11.0	37.9	12.0	24.7	0.1	1.6	3.2
A07	1.0	7.8	38.3	16.2	3.0	2.6	16.3	1.7	0.3	0.9	0.5
A08	23.4	10.6	3.7	5.4	14.8	9.6	7.4	7.2	0.4	3.2	3.2
A09	0.2	0.1	0.0	0.1	0.1	0.1	0.6	0.1	0.0	0.0	0.1
A10	19.5	6.8	3.9	5.2	5.6	6.3	8.7	1.2	0.3	1.0	5.0
A11	16.4	19.3	10.9	10.4	5.8	16.9	19.1	3.9	0.3	2.0	8.7
A12	7.5	3.5	2.2	4.3	4.4	7.2	4.7	1.6	0.2	0.5	2.9
A13	3.8	1.2	1.6	1.6	1.8	2.1	7.4	1.3	0.1	0.3	1.8
总计	250	156	85	106	79	129	185	67	5	15	131

第四节 主要结论及政策启示

本书基于 Chenery-Moses 多区域投入产出模型，构建了测算出口对一国内部不同区域的经济拉动作用模型，并利用 1997 年、2002 年和 2007 年中国多区域投入产出表，测算了全国出口和各省份出口对中国不同省份经济的拉动作用。根据对测算结果的分析，可以得到以下结论和政策启示。

第一，全国出口对中国不同地区省份的 GDP 拉动作用存在较大差别。全国出口对东部地区省份的 GDP 拉动作用要明显大于其他地区，如 2007 年全国出口拉动广东的增加值占其 GDP 比重达到 43%，但是全国出口对东部地区省份的拉动作用的程度要远远小于其出口依存度；出口对中西部地区省份 GDP 拉动作用较小，如 2007 年国出口拉动湖南的增加值占其 GDP 比重达到 6%，但是全国出口对中西部地区省份的拉动作用的程度远大于其出口依存度。因此，在当前国际市场低迷的时期，不仅占有较高对外贸易比重的东部地区省份需要加速转型，以应对出口低迷带来的不利影响，中西部地区省份同样需要考虑如果通过承接产业的转移、提高自身的发展环境，充分发挥自身的比较优势，以此应对出口低迷的间接影响。

第二，各省份出口拉动作用的来源不同。东部地区省份受到的出口拉动作用主要来源于其自身，而中西部地区，尤其是西部地区省份受到的出口拉动作用主要来源于东部出口产生的溢出效应。如 2007 年东部地区的广东出口拉动作用 90% 来源于自身出口，而西部地区的内蒙古出口拉动作用 82% 来源于其他省份的出口溢出效应，这表明东部地区省份通过加工贸易等形式日益嵌入全球产业链体系，而西部地区更多省份并没有直接融入全球产业链体系，而是日益作用东部地区省份的原材料供给基地。因此，对西部地区省份而言，需要增强内生增长能力，要提高科技创新能力、产业配套能力和体制创新能力，改变依靠资源输出的粗放型增长特点。

第三，中部地区省份相对于东部和西部地区省份而言，出口的拉动作用最小。换句话说中部地区要比东部和西部地区的经济自给程度更高。这可能既有市场一体化程度不高的原因，也可能由于中部缺乏自身的比较优势。从改革开放的经验来看，对于中部地区省份来说，如何培育自身的比较优势，更好地参与国内和国际的分工，充分利用国内和国际两个大的市场，成功地承接东部地区和国际的产业转移将是中部实现未来经济的持续增长的关键。从全国角度来看，也需要不断消除各种限制区域要素和商品流动的制度性障碍，提供全国的市场一体化程度，促进区域经济融合和协调发展。

第四，东部地区的广东、浙江、江苏和上海等省份是中国各地区省份出口溢出的主要来源地区，尤其是广东几乎是所有省份的最大出口溢出来源地，同时广东出口对西部地区采掘业等资源密集型产业的增加值拉动作用最大。如 2007 年陕西最大的三个出口溢出效应来源地分别为广东、浙江和江苏，这三个省份出口拉动陕西的增加值分别占其他所有省份出口拉动陕西增加值之和的 29%、12% 和 10%，共拉动陕西增加值 187 亿元。因此，如果广东等东部地区省份出口受挫，其他内陆省份也难以独善其身，这表明国际市场变化及外贸政策的调整将对中国各区域产生重要影响，而不仅仅局限于东南沿海省份。

本章附录

附录 5－1　　多区域投入产出表部门分类

A01	农林牧渔业	A08	电气水
A02	采掘业	A09	建筑业
A03	食品、纺织、服装、木材、造纸	A10	交通邮电通讯
A04	石油化工	A11	商业、住宿和餐饮
A05	建材	A12	金融房地产
A06	金属冶炼、压延及制品	A13	其他服务业
A07	其他制造业		

附录 5－2　　2007 年对各省份出口溢出效应最大的三个省份

地　区		对各省出口溢出效益最大的前三个省份①	溢出效应最大前三个省份拉动作用（%）②			拉动增加值（亿元）③
东部地区省份	北京	上海、广东、天津	29	18	10	333
	天津	广东、北京、江苏	28	12	12	327
	河北	广东、浙江、江苏	25	19	14	1186
	上海	广东、江苏、浙江	26	19	14	345
	江苏	广东、浙江、上海	27	18	14	549
	浙江	广东、上海、江苏	37	13	12	551
	福建	广东、江苏、上海	30	11	11	274
	山东	广东、浙江、江苏	23	22	12	492
	广东	浙江、上海、江苏	24	17	16	732
	海南	广东、浙江、江苏	47	17	12	1300
中部地区省份	山西	广东、江苏、浙江	40	18	13	802
	安徽	广东、江苏、浙江	27	16	13	456
	江西	浙江、上海、江苏	39	12	11	258
	河南	广东、浙江、江苏	30	12	11	134
	湖北	广东、浙江、江苏	28	17	16	972
	湖南	广东、江苏、浙江	28	19	17	831
西部地区省份	内蒙古	广东、浙江、江苏	27	13	11	221
	广西	广东、江苏、浙江	34	11	10	312
	重庆	广东、上海、浙江	24	17	16	732
	四川	广东、江苏、浙江	32	13	12	277
	贵州	广东、浙江、江苏	27	12	11	32
	云南	广东、浙江、江苏	38	15	8	136
	陕西	广东、浙江、江苏	29	12	10	187
	甘肃	广东、江苏、浙江	29	14	12	148
	青海	广东、上海、江苏	30	21	15	285
	宁夏	广东、上海、浙江	24	14	13	394
	新疆	广东、浙江、江苏	30	17	16	140

续表

地区		对各省出口溢出效益最大的前三个省份①	溢出效应最大前三个省份拉动作用（%）②			拉动增加值（亿元）③
东北地区省份	辽宁	广东、浙江、江苏	22	11	10	9
	吉林	广东、上海、江苏	22	13	10	31
	黑龙江	广东、浙江、江苏	30	20	12	271

① 各省份出口溢出效应最大三个来源省份。
② 最大三个省份出口拉动的增加值占对省份受出口间接拉动的增加值之比。
③ 最大前三个省份出口拉动对应省份的增加值之和。

参考文献

[1] 市村真一、王慧炯. 中国经济区域间投入产出表 [M]. 化学工业出版社, 2007.

[2] 高伟刚, 徐永辉. 投资、消费和出口对山东省GDP影响的实证分析 [J]. 经济研究导刊, 2009, (03): 34-42.

[3] 李善同, 何建武等. 外贸对我国经济社会发展作用的定量分析 [J]. 经济研究参考, 2010, (29): 45-53.

[4] 李善同, 齐舒畅, 许召元. 2002年中国地区扩展投入产出表：编制与应用 [M]. 清华大学出版社, 2010.

[5] 林毅夫, 李永军. 出口与中国的经济增长：需求导向的分析 [J]. 国际贸易问题, 2003, (03): 87-105.

[6] 刘卫东, 陈杰, 唐志鹏等. 中国2007年30省区市区域间投入产出表编制理论与实践 [M]. 中国统计出版社, 2012.

[7] 刘志彪, 张少军. 中国地区差距及其纠偏：全球价值链和国内价值链的视角 [J]. 学术月刊, 2008 (5): 38-46.

[8] 潘文卿, 李子奈. 中国沿海与内陆间经济影响的反馈与溢出效应 [J]. 经济研究, 2007, (05): 82-102.

[9] 潘文卿, 李子奈. 三大增长极对中国内陆地区经济的外溢性影响研究 [J]. 经济研究, 2008, (06): 54-72.

[10] 彭福伟. 怎样看待目前对外贸易对国民经济增长的作用 [J]. 国际贸易问题, 1998, (01): 15-23.

[11] 沈利生, 吴振宇. 出口对中国GDP增长的贡献——基于投入产出表的实证分析 [J]. 经济研究, 2004, (9): 102-116.

[12] 沈利生. "三驾马车"的拉动作用评估 [J]. 数量经济技术经济研究, 2009, (04): 25-37.

[13] 沈利生. 最终需求结构变动怎样影响产业结构变动——基于投入产出模型的分析 [J]. 数量经济技术经济研究, 2009, (12): 45-57.

[14] 石敏俊, 张卓颖. 中国省区间投入产出模型与区域经济联系 [M]. 科学出版社, 2012.

[15] 王子先. 更应注重动态效应——外贸在国民经济发展中地位与作用的再认识 [J].

国际贸易，1998，(10)：32-39.

[16] 吴福象，朱雷. 中国三大地带间的产业关联及其溢出和反馈效应——基于多区域投入—产出分析技术的实证研究 [J]. 南开经济研究，2010，(05)：66-81.

[17] 许宪春，李善同. 中国区域投入产出表的编制及分析 [M]. 清华大学出版社，2008.

[18] 张小济，胡江云. 在自由贸易的背后——进口贸易与国民经济发展 [J]. 国际贸易问题，1999，(04)：57-62.

[19] 张亚雄，赵坤. 区域间投入产出分析 [M]. 社会科学文献出版社，2006.

[20] "中国2007年投入产出表分析应用"课题组. 正确认识出口贸易对中国经济增长的贡献 [J]. 统计研究，2010，(11)：2-12.

[21] 中国投入产出学会课题组. 最终需求对国民经济及其各部门的诱发分析——2002年投入产出表系列分析报告之四 [J]. 统计研究，2007，(02)：2-10.

[22] Chenery H B. Eegional Analysis. In：Chenery H B, Clark P G, Pinna V C. the Structure and Growth of the Italian Economy. Rome：US Mutual Security Agency：1953：97-129.

[23] Isard W, Interregional and Regional Input-Output Analysis：a Model of a Space Economy. Review of Economics and Statistics，1951，33：318-328.

[24] Jordan Shan & Ken Wilson. Causality between trade and tourism：empirical evidence from China. Applied Economics Letters. Vol. 8, Issue 4：2001，66-72.

[25] Miller R, Blair P D. Input-Output Analysis：Foundation and Extensions, Englewood Cliff：Prentice-Hall. 1985.

[26] Moses L N. The Stability of Interregional Trading Patterns and Input-Output Analysis. American Economic Review，1955，45：803-832.

[27] N. Islam. Export expansion and economic growth：testing for cointegration and causality. Applied Economics. Vol. 30, Issue 3：1998：124-145.

[28] Sanmang Wu, Shantong Li, Evaluating the contribution of four components of GDP of Various Region of China：Comparative Study based upon I-O Tables of Province. 21th International Conference on Input-Output Techniques held at UQAM, Kyushu, Japan. 2012：10-15.

[29] T Ghirmay. Exports, investment, efficiency and economic growth in LDC：an empirical investigation，Vol. 33，Issue 2001，6：88-116.

第六章 中国各地区生产性服务的水平、结构与影响

　　促进产业转型升级和提升产业国际竞争力是当前我国面临的紧迫任务。从产业结构来看，改革开放以来，我国工业化取得明显进展，2010 年非农产业增加值比重已接近 90%，然而随着资源环境约束日益强化，我国经济增长依靠工业数量扩展带动的难度增长，迫切需要实现经济增长由主要依靠工业带动和数量扩展带动向三次产业协调带动和结构优化升级带动转变。从产业国际竞争力来看，尽管我国已经成为世界制造业大国，制造业增加值占世界的比重已由 1980 年的 1.5% 增长到 2009 年的 15.6%，但是，我国制造业大而不强，仍处于世界制造业产业链的中下游，制造业产品主要以低端为主，附加值不高。以存储量为 30GB 的 iPod video 为例，iPod video 产品最终售价为 299 美元，而位于我国大陆的富士康公司为美国苹果公司每加工组装一台 iPod 获益仅为 8 美元，约占其最终市场销售价格的 2.68%（江静、刘志彪，2007）。促进产业转型升级和提升产业国际竞争力关键是要加快生产性服务的发展，因为作为中间投入的生产性服务可以降低社会交易成本、促进社会分工的深化、培育产业差异化竞争优势、增强产业自主创新能力。

　　众所周知，我国幅员辽阔，各地区经济发展水平和工业化程度等相异甚远。如从工业化程度来看，根据中国社科院（陈佳贵、黄群慧、钟宏武，2006）的评估，到 2005 年东部的工业化水平综合指数已经达到了 78%，进入工业化后期的前半阶段，东北地区工业化水平综合指数为 45%，进入工业化中期前半阶段，而中部和西部的工业化水平综合指数分别为 30% 和 25%，还处于工业化初期的后半阶段。根据程大中（2008）的研究，经济发展水平和工业化程度对生产性服务发展具有重要影响，如 OECD 国家国民经济生产性服务投入率远高于中国，且大多 OECD 经济体生产性服务将近 70% 都投入到了服务业自身，其次才是第二产业和第一产业，而中国生产性服务的一半以上都投入到第二产业，其次才是服务业自身与第一产业。我国处于不同经济发展水平和工业化阶段的各地区，生产性服务发展是否存在显著性差异呢？东部地区生产服务业发展是否明显高于其他地区呢？更为重要的是处于不同经济发展水平和工业化阶段的各地区促进生产性服务发展政策着力点应有何不同呢？这些问题正是本文需要解决的。

第一节　文献综述

　　对于生产性服务的内涵国内外学者一致性共识是为生产过程提供中间产品的服务业。如格林菲尔德（Greenfield，1966）指出生产性服务是："用于商业公司和其他生产而不是最终消费者的服务。"格鲁伯和沃克（Crubel & Walker，1989）指出："生产性服务是用来生产其他产品和服务的中间投入，提供中间需求的服务行业"。然而从外延上来看，将生产性服

务划分为具体行业是比较困难的，特别是现有统计中第三产业的某一类型行业既包含服务形式的生产资料也包含服务形式的消费资料，如金融业既为个人提供消费服务，也为企业提供生产服务。因此，按照一定的标准划分生产性服务的行业，再从特定的服务行业出发进行分析不能区分中间使用服务（生产性服务）和最终使用服务（消费性服务），无法准确反映生产性服务发展的实际状况，而采用投入产出法则可以将服务业中间使用的部分分离出来，可以克服人为划分而导致的片面性。由此国内外大量学者采用投入产出法分析生产性服务。如 Marshall（1988）利用英国 1968 年和 1979 年投入产出表研究了英国生产性服务的投入结构，发现生产性服务业的比重高于制造业的比重，生产性服务在服务业的投入结构上升。Khayum（1995）对美国服务业增长的产业关联效应进行了研究；Antonelli（1998）基于意大利、法国、英国和德国 20 世纪 80 年代后半期的投入产出数据，分析了信息和通信技术（ICT）与知识密集型商务服务业（KIBS）之间的"协同演进"（co-evolution）关系以及它们的产出弹性；Windrum 等（1999）比较分析了英国、德国、荷兰和日本四国知识密集型服务业（KIS）对国民产出和生产率的影响；程大中（2008）使用较为全面的投入产出法对我国生产性服务的发展状况进行了国际比较；李江帆、朱胜勇（2008）采用投入产出法对"金砖四国"生产性服务的水平、结构及影响进行了经验研究。本书与上述研究的共同之处是都使用投入产出方法。但不同的是，本书研究的样本为我国 30 个省区市，时间跨度为 1992～2007 年，这在国内尚属首次。

第二节 指标与数据

投入产出分析法最早由美国经济学家里昂惕夫提出，是一种研究经济系统中各个部门之间投入产出关系的经济数量分析方法。完整的价值型投入产出表包括中间使用、最终使用、附加值和收入再分配四个部门。其平衡关系为：各行的中间产品 + 各行的最终产品 = 各行的总产品；各列的生产资料转移价值 + 各列新创造的价值 = 各列的总价值。根据投入产出表，某部门使用来自各部门的中间投入占其总产出（总投入）的比重为直接消耗系数（又称为投入系数），完全消耗系数则反映通过生产循环过程而形成的部门间的消耗与依赖状况。对于单个部门和国民经济整体来说，中间使用表（X）、直接消耗系数（投入系数表）表（A）、里昂惕夫矩阵逆矩阵表（B）和完全消耗系数表（C）之间的关系如下：

$$X = (X_{ij})_{n \times n} \tag{6.1}$$

$$A = (a_{ij})_{n \times n}, a_{ij} = X_{ij}/X_j \tag{6.2}$$

$$B = (b_{ij})_{n \times n} = (I - A)^{-1} \tag{6.3}$$

$$C = (c_{ij})_{n \times n} = B - I \tag{6.4}$$

其中，X_{ij} 表示 j 行业产出所使用的 i 行业的中间投入，X_j 为 j 部门的总产出（总投入），a_{ij}、b_{ij}、c_{ij} 分别为直接消耗系数、里昂惕夫逆矩阵系数和完全消耗系数。另外本书在以下分析中还将用到以下指标：

1. 服务投入结构：在服务业的总产出中，一部分被用于中间投入，另一部分被用于最终消费，用于中间投入的部分为生产性服务。服务投入结构是指国民经济各产业或部门使用的服务业投入占服务业中间投入的比重，反映了生产性服务具体投入到哪些部门，计算公

式为:

$$h_{ij} = X_{ij} \Big/ \sum_j X_{ij} 。 \tag{6.5}$$

2. 服务投入率：投入产出表中的中间投入是指各部门在生产过程中需要消耗的其他部门产出的价值，包括物质投入（如原材料、燃料等）与服务投入，服务投入就是生产性服务，服务投入占总投入的比重称为服务投入率，反映国民经济及各产业服务化程度。

3. 产业关联系数：产业关联系数包括影响力系数与感应力系数。前者反映某部门增加一单位最终使用时，对国民经济剩余部门所产生的生产需求波及程度；后者反映当国民经济各部门增加一单位最终使用时，某部门由此受到的需求感应程度，即需求该部门为其他各部门生产而提供的产出量。影响力系数和感应力系数的计算为:

$$F_j = \sum_{i=1}^{n} b_{ij} \Big/ \frac{1}{n} \sum_{i=1}^{n} \sum_{j=1}^{n} b_{ij}, E_j = \sum_{j=1}^{n} b_{ij} \Big/ \frac{1}{n} \sum_{i=1}^{n} \sum_{i=1}^{j} b_{ij} (i = 1,2,\cdots,n; j = 1,2,\cdots,n) \tag{6.6}$$

影响力系数大于或小于1，表明该产业的影响力在全部产业中位于平均水平以上或以下；感应度系数大于或小于1，表明该产业的感应度在全部产业中位于平均水平以上或以下。

本章主要利用我国30个省区市1992年、1997年、2002年和2007年投入产出表进行分析（西藏由于没有投入产出表，因此没有包含进来），各省区市投入产出表来源于各地区统计局。

第三节 生产性服务水平与结构的地区比较

一、各地区生产性服务整体发展水平

首先，从服务业增加值占地区生产总值比重的变动趋势看，我国各地区均显著增加。1992~2007年东部、中部、西部、东北和全国服务业增加值占地区生产总值的比重分别上升了9.4%、8.0%、2.7%、6.3%和7.4%（见表6-1）。具体到各省区市，北京服务业增加值比重上升了28.47%，位居全国第一，东部地区其他省市服务业增加值比重上升也相对较快，而中西部地区各省区市服务业增加值比重上升相对较慢。表明1992年以来我国经济"服务化"趋势明显，但是东部地区相较其他地区更显著。

其次，从生产性服务占地区总投入的比重看，全国及各地区生产性服务占地区总产出的比重呈现波动性变化。1992~2002年生产性服务占地区总产出的比重上升，而2002年后下降。1992年东部、中部、西部、东北和全国生产性服务占地区总产出的比重分别为13%、12.8%、16.4%、11.4%和13.6%，2002年分别为15.5%、15.1%、17%、15.1%和15.6%，而2007年分别为12.8%、13.2%、13.7%、11.2%和12.9%（见表6-1）。结合前文服务业增加值占地区生产总值的变化情况，表明近年来我国经济服务化过程中，主要是消费性服务业显著增加，特别是2002年后这种特点更加明显。从生产性服务占地区总产出的横向比较来看，中西部地区生产性服务占地区总产出相较其他地区更高。2007年中西部地区生产性服务占地区总产出的比重分别为13.2%和13.7%，而东部和东北地区分别为12.8%和11.2%（见图6-1）。不过具体到各省区市差异较大，东部地区的北京、上海、天津生产性服务占地区总产出的比重较大，2007年分别为22.6%、20.3%和22.8%，但

是东部地区其他省份并没有显现出生产性服务占地区总产出比重更高的特性（见图6-2），如2007年江苏和山东生产性服务占地区总产出的比重分别为7.6%和9%，位居全国30个省区市的倒数第一和倒数第三。不过由于生产性服务包含不同产业，因此，这种特点需要进一步细分生产性服务的内部构成。

最后，从生产性服务占服务业总产出的比重看，东部地区生产性服务占服务业总产出的比重并没有显现出相对其他地区更高的特点。2007年东部生产性服务占服务业总产出的比重为52.2%，中部、西部、东北和全国生产性服务占服务业总产出的比重分别为52.9%、48.8%和44.5%。具体分析各省区市的情况，结果类似。东部地区只有天津和上海生产性服务占服务业总产出的比重显著高于其他地区，分别为82.2%和67%，而其他省市生产性服务占地区总产出的比重同其他地区的省区市大致相当。从生产性服务占服务业总产出的纵向比较来看，1997年后全国及各地区生产性服务占服务业总产出的比重显著下降，如东部地区生产性服务占服务业总产出的比重由1997年的63%下降到2007年的52.2%，进一步表明近年来我国经济"服务化"过程中，消费性服务业增加更为迅速，而生产性服务增长则相对缓慢。

表6-1　　　　　　　各地区生产性服务的整体水平比较　　　　　　单位：%

地区	生产性服务占地区生产总产出的比重				生产性服务占服务业总产出的比重				服务业增加值占地区生产总值的比重			
	1992年	1997年	2002年	2007年	1992年	1997年	2002年	2007年	1992年	1997年	2002年	2007年
北京	22.3	25.7	24.9	22.6	59.4	51.7	48.0	39.4	44.3	63	67.2	72.8
天津	10.5	18.3	20.6	20.3	47.1	65.3	62.6	82.2	36.5	42.3	46.9	40.5
河北	8.1	13.7	15.1	11.6	47.9	71.6	63.3	52.2	23.5	28.5	33.7	33.8
上海	14.0	16.0	19.1	22.8	57.7	55.5	56.3	67.0	36.1	45.5	50.9	52.1
江苏	10.2	15.5	12.3	10.1	63.9	70.6	58.0	53.1	28.5	31.2	35.7	36
浙江	8.8	12.1	13.2	11.7	55.2	69.5	56.9	54.2	26.2	31	40.5	40.9
福建	16.5	17.1	21.9	12.5	55.8	58.0	72.0	50.3	37.9	37.7	38.9	40
山东	11.7	13.9	15.3	9.5	58.0	59.5	63.6	49.1	30.1	34.1	33.8	33
广东	11.1	16.6	12.8	10.6	46.6	65.6	49.1	46.8	31.7	36.4	40.5	42.4
海南	21.7	23.7	19.8	17.3	51.0	61.6	48.2	54.8	49.4	41.8	39.1	39.6
东部	13.0	16.2	15.5	12.8	56.0	63.0	57.2	52.2	31.8	36.8	40.6	41.2
山西	13.7	12.4	16.0	12.0	51.4	51.1	53.9	53.2	30.8	30.6	33.5	35.3
安徽	17.5	16.6	16.3	14.3	96.7	100.8	57.2	51.3	24.6	25.3	34.5	38.8
江西	11.3	15.0	16.2	16.2	49.9	54.1	52.4	66.9	30.6	31.8	38.8	31.9
河南	10.8	10.1	10.7	12.4	52.4	51.6	47.8	60.5	29.3	28.2	32.8	30.1
湖北	13.9	13.0	15.7	14.6	56.2	60.0	59.1	49.3	31.3	31.7	36.5	41.3
湖南	4.9	14.8	18.7	11.2	43.4	64.3	58.8	39.1	25.9	29.9	40.2	39.8
中部	12.8	13.3	15.1	13.2	65.5	62.7	55.0	52.9	27.8	29.4	35.9	35.8

续表

地区	生产性服务占地区生产总产出的比重				生产性服务占服务业总产出的比重				服务业增加值占地区生产总值的比重			
	1992年	1997年	2002年	2007年	1992年	1997年	2002年	2007年	1992年	1997年	2002年	2007年
内蒙古	17.5	17.7	14.2	15.7	58.1	59.9	46.5	53.7	33.9	31.2	40.3	38.4
广西	16.3	16.5	18.6	11.5	54.7	59.9	60.7	43.5	36.1	33.1	41.6	38.4
重庆	—	13.7	15.0	11.6	—	58.6	47.6	44.1	—	35	37.6	39.8
四川	15.4	14.6	18.0	15.3	62.0	61.6	57.5	53.4	33.0	30.6	35.7	36.5
贵州	10.1	12.3	16.6	17.2	40.3	51.8	60.7	56.5	28.4	30	35.5	41.4
云南	17.4	14.1	16.3	16.0	53.8	50.6	53.5	53.6	34.4	30.6	37.8	38.9
陕西	18.0	17.0	15.8	10.6	65.0	58.0	51.6	41.2	35.6	35.9	41	34.2
甘肃	16.1	16.4	15.5	8.6	53.4	54.3	46.0	31.4	37.9	35.9	41	38.9
青海	20.6	19.7	18.4	13.0	62.0	62.4	59.1	47.5	36.3	38.7	37.2	38.1
宁夏	14.6	15.8	16.3	11.0	52.5	63.1	64.5	38.4	34.3	33	44.2	37
新疆	18.9	15.6	21.4	15.5	62.2	47.8	59.6	53.2	39.2	35.9	38.9	36.5
西部	16.4	15.4	17.0	13.7	59.9	57.0	54.6	48.8	35.1	32.8	38.4	37.7
辽宁	9.1	14.9	16.8	11.9	51.9	62.9	55.1	51.3	27.2	36.4	41.5	36.9
吉林	14.0	12.7	12.9	7.3	54.4	46.1	44.6	26.9	29.2	31.1	36.5	37.5
黑龙江	10.4	11.6	13.9	12.9	37.0	47.6	50.3	47.7	31.0	27.2	32.3	34.7
东北	11.4	13.6	15.1	11.2	42.6	55.3	51.6	44.5	30.1	32.1	37.4	36.4
全国	13.6	15.3	15.6	12.9	56.4	61.3	55.9	51.2	31.8	34.2	39.1	39.2

资料来源：全国30个省区市1992年、1997年、2002年、2007年投入产出表并经过作者计算整理（下同）。

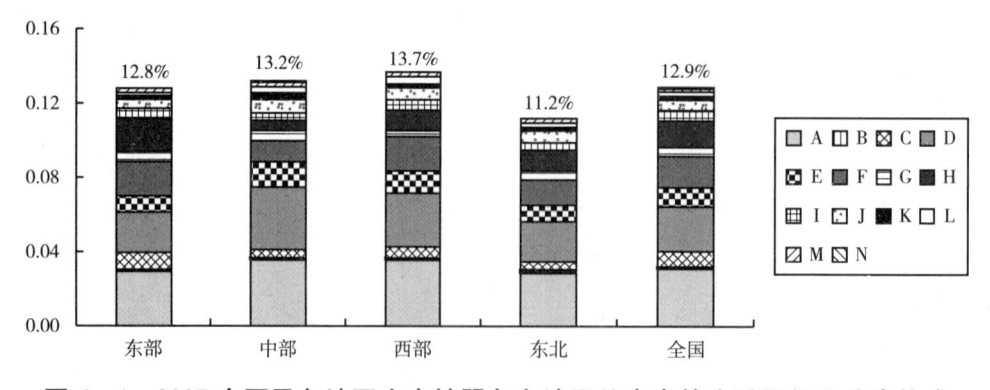

图6-1 2007全国及各地区生产性服务占地区总产出的比重及行业分类构成

注：A 交通运输及仓储业，B 邮政业，C 信息传输、计算机服务和软件业，D 批发和零售贸易业，E 住宿和餐饮业，F 金融保险业，G 房地产业，H 租赁和商务服务业，I 科学研究与综合技术服务业，J 居民服务和其他服务业，K 教育，L 卫生、社会保障和社会福利业，M 文化、体育和娱乐业，N 公共管理和社会组织（下同）。图中数据为各地区各服务业生产性服务占地区总产出的比重，具体计算方法为各服务业中间投入与地区总产出的比重。

二、各地区生产性服务构成

前文分析表明,近年来全国及各地区生产性服务占地区总产出的比重和服务业总产出的比重均有所下降,同时中西部地区生产性服务占地区总产出的比重相对其他地区更高,这同发达国家生产性服务业产值占 GDP 比重与人均 GDP 呈现显著的正相关,以及生产性服务占第三产业的比重随着人均 GDP 的增加而上升的发展趋势有所差别(李强、薛天栋,1998)。因此,有必要进一步从生产性服务的构成来分析形成这些现象的内在原因。由于我国不同年份投入产出表的服务业分类差别较大,因此,我们重点利用 2002 年和 2007 年的投入产出表进行比较分析[①]。

从全国生产性服务的构成来看,批发和零售业、交通运输及仓储业生产性服务占地区总产出的比重超过 3%(见表 6-2),占全国生产性服务的比重超过 15%(见表 6-3),其次是住宿和餐饮业、金融保险业生产性服务占地区总产出的比重超过 1%,占全国生产性服务的比重超过 7%(见表 6-3)。

表 6-2　　　　　　　　　　全国及各地区分类服务投入率　　　　　　　　　　单位:%

产　业	东部 2002 年	东部 2007 年	中部 2002 年	中部 2007 年	西部 2002 年	西部 2007 年	东北 2002 年	东北 2007 年	全国 2002 年	全国 2007 年
交通运输及仓储业	3.1	2.8	3.9	3.4	4.1	3.5	3.0	2.9	3.4	2.9
邮政业	0.1	0.1	0.1	0.1	0.1	0.1	0.1	0.2	0.1	0.1
信息传输、计算机服务和软件业	1.1	1.2	1.0	1.1	1.3	1.2	1.2	0.5	1.1	0.8
批发和零售贸易业	3.7	1.9	4.3	3.1	2.9	2.4	4.2	2.2	3.7	2.0
住宿和餐饮业	1.3	0.9	1.5	1.1	1.3	1.0	1.8	0.9	1.4	1.0
金融保险业	2.2	2.4	1.9	1.1	2.7	1.9	1.4	1.4	2.2	2.3
房地产业	0.8	0.6	0.5	0.5	0.6	0.3	0.7	0.5	0.7	0.5
租赁和商务服务业	1.4	1.7	0.7	0.6	1.5	1.2	1.0	1.1	1.2	1.4
科学研究与综合技术服务业	0.6	0.6	0.3	0.4	0.8	0.5	0.3	0.4	0.6	0.6
居民服务和其他服务业	0.4	0.5	0.4	0.7	0.7	0.6	0.9	0.6	0.5	0.6
教育	0.1	0.1	0.1	0.3	0.3	0.2	0.1	0.1	0.1	0.2
卫生、社会保障和社会福利业	0.1	0.2	0.1	0.3	0.2	0.4	0.1	0.3	0.1	0.2
文化、体育和娱乐业	0.6	0.2	0.2	0.2	0.4	0.2	0.3	0.2	0.4	0.2
公共管理和社会组织	0.1	0.0	0.1	0.1	0.1	0.1	0.1	0.0	0.1	0.0
生产性服务	15.5	12.8	15.1	13.2	17.0	13.7	15.1	11.2	15.6	12.9

注:表中数据为各地区各类服务业生产性服务占地区总产出的比重,具体计算方法为各类服务业中间投入部分与地区总产出的比重。

---

① 2002 年和 2007 年各省投入产出表中服务业分类也存在一定的差别,我们将 2002 年投入产出表的旅游业与其他社会服务业合并称为居民服务和其他社会服务业,将科学研究事业和综合技术服务业合并称为科学研究与综合技术服务业;将 2007 年的研究与试验发展业、综合技术服务业、水利、环境和公共设施管理业合并称为科学研究与综合技术服务业,其他产业分类保持不变。

表6-3　　　　　　　　　　　全国及各地区生产性服务比重　　　　　　　　　单位:%

产　业	东部 2002年	东部 2007年	中部 2002年	中部 2007年	西部 2002年	西部 2007年	东北 2002年	东北 2007年	全国 2002年	全国 2007年
交通运输及仓储业	20.0	21.9	25.8	25.8	24.1	25.5	19.9	25.9	21.8	22.5
邮政业	0.6	0.8	0.7	0.8	0.6	0.7	0.7	1.8	0.6	0.8
信息传输、计算机服务和软件业	7.1	9.4	6.6	8.3	7.6	8.8	7.9	4.5	7.1	6.2
批发和零售贸易业	23.9	14.8	28.5	23.5	17.1	17.5	27.8	19.6	23.7	15.5
住宿和餐饮业	8.4	7.0	9.9	8.3	7.6	7.3	11.9	8.0	9.0	7.8
金融保险业	14.2	18.8	12.6	8.3	15.9	13.9	9.3	12.5	14.1	17.8
房地产业	5.2	4.7	3.3	3.8	3.5	2.2	4.6	4.5	4.5	3.9
租赁和商务服务业	9.0	13.3	4.6	4.5	8.8	8.8	6.6	9.8	7.7	10.9
科学研究与综合技术服务业	3.9	4.7	2.0	3.0	4.7	3.6	2.0	3.6	3.8	4.7
居民服务和其他服务业	2.6	3.9	2.6	5.3	4.1	4.4	6.0	5.4	3.2	4.7
教育	0.6	0.8	0.7	2.3	1.8	1.5	0.7	0.9	0.6	1.6
卫生、社会保障和社会福利业	0.6	1.6	0.7	2.3	1.2	2.9	0.7	2.7	0.6	1.6
文化、体育和娱乐业	3.9	1.6	1.3	1.5	2.4	1.5	2.0	1.8	2.6	1.6
公共管理和社会组织	0.6	0.0	0.7	0.8	0.6	0.0	0.0	0.0	0.6	0.0

从各地区生产性服务的构成来看，中西部地区生产性服务占地区总产出的比重较高的原因有二：一是中西部地区交通运输及仓储业、批发和零售贸易业等传统生产性服务占地区总产出的比重较高。2007年中西部地区这两个产业生产性服务占地区总产出的比重分别为3.4%、3.1%和3.5%、2.4%（见表6-2），占中西部地区生产性服务的比重分别为27.8%、23.5%和25.5%、17.5%（见表6-3），而东部和东北地区这两个产业生产性服务占地区总产出的比重分别为2.8%和1.9%、2.9%和2.2%，占东部和东北地区生产性服务的比重分别为21.9%、14.8%和25.9%、19.6%（见表6-3）；二是尽管东部地区租赁和商务服务业、科学研究与综合技术等知识和技术密集型生产性服务所占比重相较中西部地区更高，但是优势并不十分突出，如2007年东部地区信息传输、计算机服务和软件业生产性服务占地区总产出的比重为1.2%，西部地区也为1.2%。具体到各省区市，情况类似。2007年上海、北京交通运输及仓储业生产性服务占生产性服务的比重分别都为17%和13%，而山西、内蒙古、河南和宁夏交通运输及仓储业生产性服务占生产性服务的比重分别高达35%、37%、31%和31%。西部地区交通运输及仓储业、批发和零售贸易业生产性服务所占比重更高，主要是由于中西部地区远离海洋和物流成本较高引起的。表6-4是世界银行研究报告提供的数据，可见中西部地区物流费用较高。

表6-4　　　从中国内陆一个省份运送一个集装箱物至美国内陆的费用

起止地点	物流费用（US）	比重（%）
从中国内陆工厂至大陆港口	2300	63
大陆港口周转	200	5
海上运输	750	21
美国港口	150	4
美国港口至目的地	250	7
合计	3650	100

资料来源：世界银行的一项研究报告，转引自李善同，中国服务业的发展和对外开放 [R]. http://finace.sina.com.cn/review/20050319/15111443975.shtmel

导致东部地区在知识和技术密集型生产性服务没有能形成突出优势的主要原因是，改革开放以来东部地区走以国际代工为主的生产发展模式。这种通过从国外进口机器设备和原材料、半成品，然后在国内简单组装后出口销售的"两头在外"的生产发展模式，使得东部沿海地区的企业被俘获在全球价值链的低端，由此虽然实现了一定程度工艺升级和产品升级，但是没有完成更为重要的产业升级——功能升级和部门间升级，无法有效地向"微笑曲线"两端延伸，导致作为生产性服务重要组成部分的中介、广告和市场研究、信息咨询、科研研究与综合技术服务业等发展不足。

从生产性服务占地区总产出比重的纵向变化来看，2002年后全国及各地区生产性服务占地区总产出比重下降的主要原因是交通运输及仓储业、批发和零售贸易业、住宿和餐饮业等传统生产性服务占地区总产出的比重明显下降。如东部地区交通运输及仓储业、批发和零售贸易业、住宿和餐饮业的生产性服务占地区总产出的比重由2002年的3.1%、3.7%和1.3%下降到2007年的2.8%、1.9%和0.9%；而金融保险业、租赁和商务服务业等生产性服务占地区总产出的比重分别由2002年的2.2%和1.4%上升到2007年的2.4%和1.7%（见图6-2）。因此，尽管近年来我国生产性服务占地区总产出的比重有所下降，但是从分析生产性服务的内部构成来看，主要是传统生产性服务所占比重下降，这与发达国家传统流通服务业、商业、运输仓储业所占第三产业比重呈现下降趋势一致（邓于君，2004）。

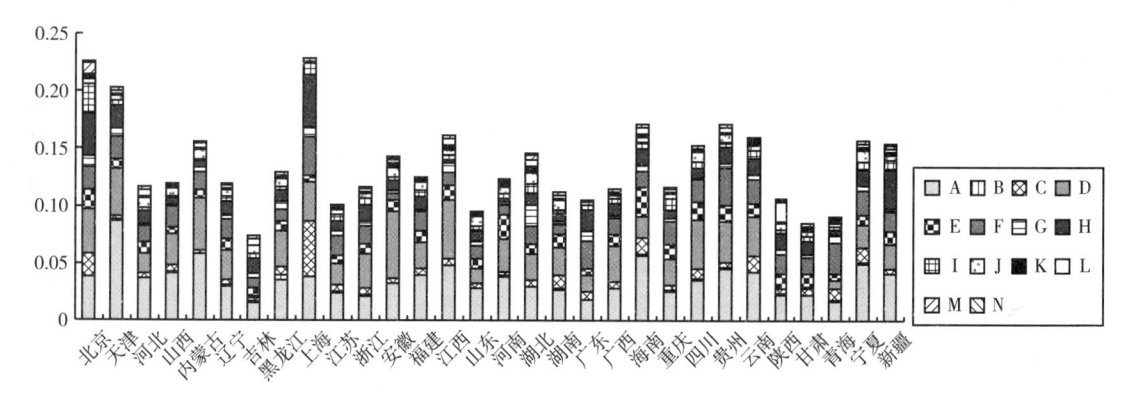

图6-2　2007年各省区市地区生产性服务占地区总产出的比重及行业分类构成

三、各地区生产性服务投入结构比较

生产性服务的投入结构反映了生产性服务具体投入到哪些产业及其投入比重。从生产性服务的投入结构来看，我国各地区生产性服务投入结构的共性是：第二产业和第三产业是生产性服务投入的主要部门，但是第二产业居主导地位。2007年东部、中部、西部和东北地区生产性服务投入到第二产业的比重分别为53.8%、55.1%、57.8%和52.3%，生产性服务投入到第三产业的比重分别为44.5%、41.5%、35.8%和43.5%（见表6-5）。表明我国仍处于工业化过程中，第二产业是生产性服务的主要服务对象。具体到不同省区市差异较为明显，如东部地区的北京和上海，生产性服务投入到第三产业的比重分别达到了76%和54.4%，而投入到第二产业的比重则分别为23.5%和45.3%，表明这两个直辖市第三产业是生产性服务的主要服务对象。这主要是因为这两个直辖市产业结构中服务业所占比重较高，经济"服务化"特征更明显；而山西、河南等生产性服务投入到第二产业的比重分别达到了64.6%和60.4%，而投入到第三产业的比重仅为32.6%和38%。

从生产性服务投入结构的纵向比较来看，各地区生产性服务投入到第三产业中的比重显著上升，投入到第一产业中的比重明显下降，而投入到第二产业中的比重有所下降。东部、中部和东北地区2007年相较1992年生产性服务投入到第二产业的比重分别下降了4.1%、4.9%和5.5%，而投入到第三产业中的比重分别上升了6.1%、15%和7.6%。表明生产性服务的投入结构受经济发展阶段的影响，随着产业结构中服务业比重的上升，经济"服务化"的推进，服务业将日益成为生产性服务的主要服务对象，这同西方发达国家的趋势基本相同，美国服务业总产出用于服务业的比重由1972年的17.6%上升到2000年的27.9%，日本则由1970年的15.3%上升到2000年的22.1%（李善同、高传胜，2008）。

表6-5　　　　　各地区生产性服务的投入结构　　　　　单位：%

指标	年份	东部	中部	西部	东北	全国
第一产业	1992	3.7	13.4	8.5	6.3	7
	1997	6.2	6.4	5.6	5.4	6.1
	2002	2.3	4.6	4.5	4.3	3.2
	2007	1.7	3.4	6.4	4.3	2.5
第二产业	1992	57.9	60	54.7	57.8	57.2
	1997	52.7	60.5	53.5	56.6	54.4
	2002	49.5	49.8	49.5	52.4	49.8
	2007	53.8	55.1	57.8	52.3	53.8
第三产业	1992	38.4	26.5	36.8	35.9	35.7
	1997	41.1	33.2	40.9	38	39.5
	2002	48.2	45.7	46.1	43.2	47
	2007	44.5	41.5	35.8	43.5	43.7
服务业中间使用率	1992	52.2	64.5	53.1	52.3	54.1
	1997	57.3	56.2	52.5	52.2	55.9
	2002	52.2	52.1	54.4	48.7	51.3
	2007	45.4	46.9	41.3	41.6	44.7

第四节 生产性服务对国民经济及三次产业影响的地区比较

服务业通过生产性服务的中间投入而对整体经济及相关产业产生作用,通过对服务投入率分析可以看出各产业对生产性服务投入的依赖程度以及不同生产性服务对于相应产业的重要性;分析服务业的产业关联效应则有助于厘清生产性服务在国民经济中的影响(程大中,2008)。

一、基于服务投入率的比较分析

1. 国民经济及三次产业服务投入率比较

服务投入率反映了国民经济及三次产业的服务化程度。从整体国民经济服务投入率看,全国及各地区服务投入率呈现波动性变化,1992~2002年服务投入率上升,2002年后服务投入率下降。1992年东部、中部、西部、东北和全国国民经济中间投入中,服务业所占的比重分别为18.2%、14%、21.7%、22.5%和18.8%,2002年分别上升到23.3%、25.1%、29.4%、25%和24.6%,但是2007年又分别下降到16.6%、18%、20.8%、17.8%和17.5%(见表6-6)。导致2002年后全国及各地区国民经济服务投入率下降的原因,一方面正如前文指出的生产性服务中交通运输及仓储业、批发和零售贸易业、住宿和餐饮业等传统生产性服务占地区总产出的比重明显下降;另一方面是从2003年开始我国经济开始新一轮快速增长,但是主要推动力是在钢铁、化工、重型机械等重化工业领域的大规模投资,重化工业占工业增加值的比重逐年攀升,2000年为59.9%,2003年上升到64.3%,2007年进一步达到70.9%,由此导致经济发展过程中实物投入率明显上升,2002年东部、中部、西部、东北和全国国民经济实物投入率分别为51%、45.1%、41%、45.3%和47.9%,2007年分别上升到58%、44.9%、43%、49.4%和51.8%(见表6-6)。从国民经济服务投入率的横向比较来看,中西部地区国民经济服务投入率相较其他地区更高,2007年中西部地区国民经济中间投入中,服务业所占比重分别为18%和20.8%,而东部和东北地区国民经济中间投入中,服务业所占比重分别为16.6%和17.8%。导致中西部地区国民经济服务投入率相较其他地区更高的主要原因正如前文指出的,中西部地区交通运输及仓储业、批发和零售贸易业、住宿和餐饮业等传统生产性服务占地区总产出的比重较高。不过需要指出的是,不管是中部、西部和东部地区,还是东部地区,国民经济中间投入中,服务业所占的比重在20%左右,而实物投入比重在80%左右,国民经济中间投入中,服务业所占比重远低于OECD国家44.59%的平均水平,实物投入占中间投入的比重远高于OECD国家55.41%的平均水平(程大中,2008)。这表明我国经济增长仍然以实物要素投入为主,生产性服务对国民经济的影响程度不高。

表6-6　　　　　　　各地区国民经济及三次产业服务投入率　　　　　　单位：%

指标	年份	东部	中部	西部	东北	全国
第一产业服务投入率	1992	4	9.3	7.4	5.1	6.3
	1997	11	5.5	6.2	5.4	5.1
	2002	5.7	5.5	5.5	6.9	5.7
	2007	5.8	4.7	4.5	5.4	5.1
第二产业服务投入率	1992	11.6	12.4	16.7	11.1	12.8
	1997	13.1	12.7	14.7	12	13.2
	2002	11.5	12.5	15.3	12.9	12.3
	2007	9.6	11.2	12	8.8	10.1
第三产业服务投入率	1992	21.5	17.4	22.1	15.3	20.1
	1997	25.9	20.8	23.3	21	24.2
	2002	27.6	25.1	25.1	22.3	26.3
	2007	23.3	21.9	21	19.3	22.4
国民经济整体服务投入率	1992	11.5	8.4	12.3	10.6	11.1
	1997	16.2	13.3	15.4	13.6	15.3
	2002	15.5	15.1	17	15.1	15.6
	2007	12.8	13.2	13.7	11.2	12.9
国民经济整体实物投入率	1992	51.9	51.3	44.5	36.5	47.7
	1997	50	48.8	42.5	49.1	48.6
	2002	51	45.1	41	45.3	47.9
	2007	58	44.9	43	49.4	51.8
国民经济整体服务业投入占中间投入的比重	1992	18.2	14	21.7	22.5	18.8
	1997	24.5	21.5	26.6	21.7	24
	2002	23.3	25.1	29.4	25	24.6
	2007	16.6	18	20.8	17.8	17.5

从三次产业服务投入率来看，全国各地区的共性特征是第三产业服务投入率最高、第二产业次之，第一产业最低。第三产业服务投入率基本维持在20%以上，第二产业服务投入率在10%～20%之间，第一产业的服务投入率在10%以下。从变化趋势来看，第三产业的服务投入率总体呈现上升趋势，但是2002年后下降；第二产业服务投入率更多呈现下降趋势，如东部地区1992年、1997年、2002年和2007年第二产业服务投入率分别为11.6%、13.1%、11.5%和9.6%。各地区三次产业服务投入率差异性在于，东部地区第三产业的服务投入率明显高于其他地区，2007年东部地区第三产业服务投入率为23.3%，而中部、西部和东北地区分别为21.9%、21%和19.3%；西部地区第二产业的服务投入率明显高于其他地区，2007年西部地区第二产业服务投入率为12%，而东部、中部和东北地区分别为9.6%、11.2%和8.8%。具体到各省区市三次产业服务投入率，情况既有相似之处，也存在差异。以2007年为例，我们以全国第二产业和第三产业服务投入率为分解点，绘制了图

6-3。从图6-3可见上海第二产业和第三产业服务投入率均较高，贵州、新疆、四川第二产业的服务投入率较高，但是东部地区的广东、山东、江苏等第二产业和第三产业服务投入率均低于全国平均水平。综合表明东部省市第二产业和第三产业服务投入率并没有显出明显相较中西部地区省市区更高的特性。

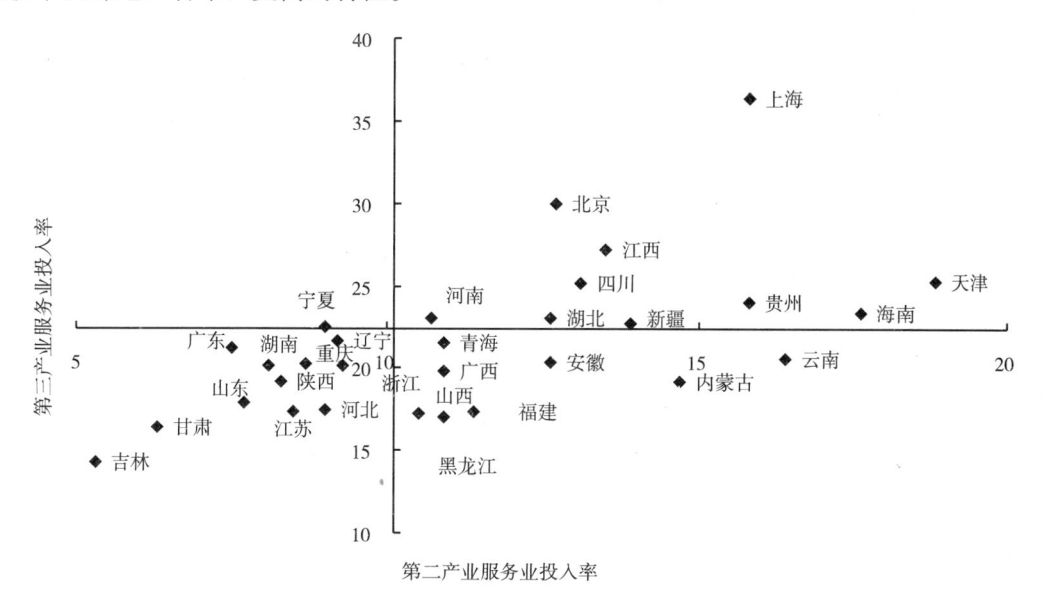

图6-3 2007年各省市区第二产业和第三产业服务投入率

2. 第二产业和第三产业分类服务投入率比较

分析第二产业和第三产业的分类服务投入率（见图6-4和图6-5），可知：（1）交通运输及仓储业、批发和零售业、金融保险业、住宿和餐饮业、租赁和商业服务业等生产性服务对第二产业和第三产业的服务业投入比重较高。2007年全国对第二产业生产性服务投入比重最高的三个产业分别为：交通运输及仓储业、金融保险业、租赁和商业服务业；对第三产业生产性服务投入比重最高的三个产业分别为：交通运输及仓储业、批发和零售业、金融保险业。信息传输、计算机服务和软件业、综合研究与技术服务业等包含现代知识和技术密集型生产性服务的产业对第二产业和第三产业的投入比重较低。（2）对比各地区第二产业分类服务业的投入率差别，中西部地区交通运输及仓储业、批发和零售业对第二产业的生产性服务投入比重较高，这也是中西部地区第二产业服务投入率较高的主要原因；东部地区租赁和商务服务业、信息传输、计算机服务和软件业对第二产业的生产性服务投入比重相对其他地区更高。（3）对比各地区第三产业分类服务投入率的差别，中西部地区交通运输及仓储业、批发和零售业、住宿和餐饮业等对第三产业的生产性服务投入比重相较其他地区明显更高。东部地区信息传输、计算机服务和软件业、金融保险业、租赁和商务服务业、综合研究与技术服务业等对第三产业的生产性服务投入明显相较其他地区更高。

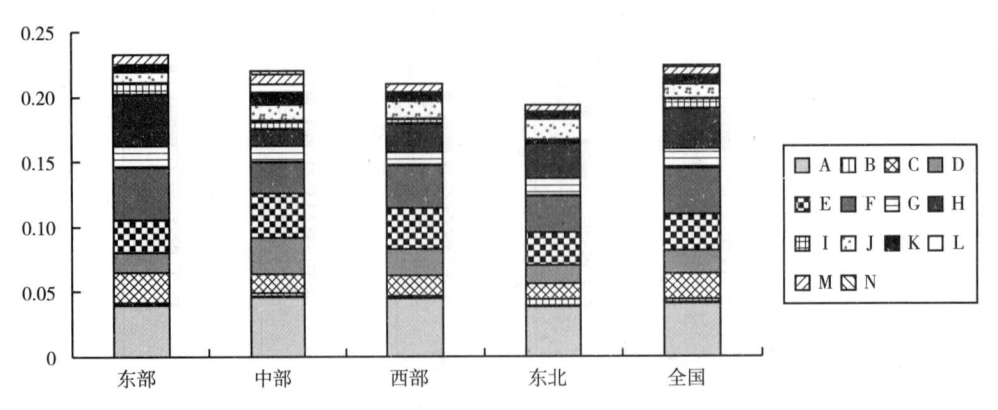

图 6-4　2007 年全国及各地区第二产业的分类服务投入率

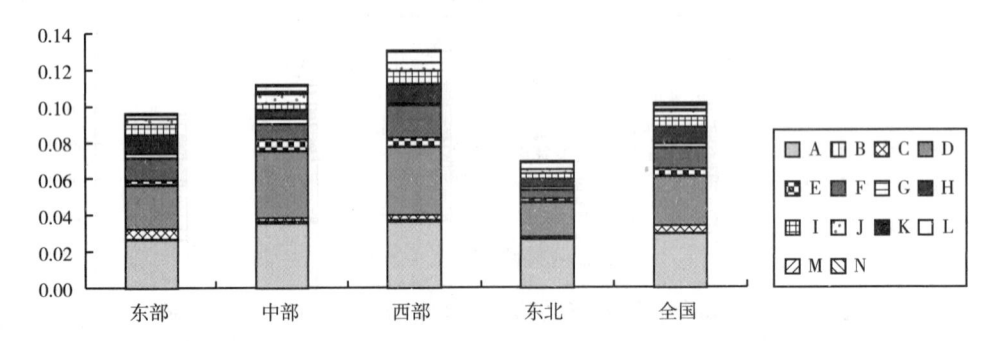

图 6-5　2007 年全国及各地区第三产业分类服务投入率

二、基于生产性服务与国民经济产业关联的比较分析

从整体服务业的经济关联效应看（见表 6-7），我国各地区整体服务业的影响力系数和感应力系数均小于 1，表明整体服务业对国民经济影响力低于全部产业的平均水平和受国民经济发展拉动程度也低于全部产业平均水平，这表明我国服务业的增长不仅不能对国民经济产生应有的带动作用，而且其本身受其他部门的需求拉动作用也不大。

从服务业分部门的影响力系数来看，各地区交通运输及仓储业、住宿和餐饮业、住宿和餐饮业、租赁和商务服务业的影响力系数均大于 1，表明这些服务业对国民经济影响力超过了全部产业的平均水平，而从这些产业的特点来看，主要是传统生产性服务，而金融保险业、信息传输、计算机服务和软件业的影响力系数小于 1，表明现代知识和技术密集型生产性服务对国民经济生产的带动作用较低。从服务业分部门的感应力系数来看，各地区仅交通运输及仓储业（仅中部地区"批发和零售业"除外）的感应力系数大于 1，表明仅交通运输及仓储业受其他部门的需求拉动作用大于平均水平，而金融保险业、信息传输、计算机服务和软件业、综合研究和技术服务业受其他部门的需求拉动作用也较低。具体到各省区市情况基本相同，仅上海表现出信息传输、计算机服务和软件业、租赁和商务服务业感应力系数明显大于 1，分别为 1.25 和 1.26，表明上海这两个现代知识和技术密集型生产性服务受其他部门的需求拉动作用较强，而东部地区省市并没有显现出这种特性。

表6-7　2007年各地区服务业及其分部门的影响力和感应力系数平均值

	产　　业	东部平均	中部平均	西部平均	东北平均	全国平均
影响力系数	交通运输及仓储业	1.16	1.03	1.07	1.05	1.09
	邮政业	0.99	1.03	1.12	1.11	1.06
	信息传输、计算机服务和软件业	0.96	0.90	0.96	0.94	0.95
	批发和零售业	0.75	0.84	0.85	0.81	0.81
	住宿和餐饮业	1.15	1.12	1.16	1.14	1.15
	金融保险业	0.78	0.94	0.89	0.87	0.86
	房地产业	0.65	0.75	0.77	0.79	0.73
	租赁和商务服务业	1.17	1.14	1.15	1.11	1.15
	综合研究和技术服务业	1.06	0.96	0.96	1.08	1.01
	居民服务和其他服务业	1.01	0.98	1.03	1.00	1.01
	教育	0.77	0.87	0.79	0.82	0.80
	卫生、社会保障和社会福利业	1.18	1.19	1.15	1.17	1.17
	文化、体育和娱乐业	1.05	1.00	0.98	1.04	1.01
	公共管理和社会组织	0.92	0.94	0.91	0.80	0.91
	整体服务业	0.86	0.89	0.90	0.88	0.89
感应力系数	交通运输及仓储业	1.04	1.05	1.05	0.92	1.03
	邮政业	0.44	0.51	0.52	0.56	0.50
	信息传输、计算机服务和软件业	0.65	0.65	0.68	0.60	0.66
	批发和零售业	0.76	1.08	0.85	0.76	0.86
	住宿和餐饮业	0.69	0.80	0.79	0.69	0.75
	金融保险业	0.78	0.74	0.88	0.70	0.80
	房地产业	0.56	0.61	0.61	0.61	0.59
	租赁和商务服务业	0.80	0.63	0.76	0.70	0.74
	综合研究和技术服务业	0.52	0.57	0.56	0.52	0.54
	居民服务和其他服务业	0.51	0.62	0.61	0.60	0.58
	教育	0.44	0.55	0.53	0.49	0.50
	卫生、社会保障和社会福利业	0.44	0.54	0.52	0.50	0.49
	文化、体育和娱乐业	0.48	0.55	0.54	0.51	0.52
	公共管理和社会组织	0.41	0.51	0.49	0.46	0.47
	整体服务业	0.79	0.83	0.84	0.74	0.81

第五节　结论及政策建议

一、结论

本书利用 1992 年、1997 年、2002 年和 2007 年 30 个省区的投入产出表数据，从生产性服务的特性出发，对我国各地区的生产性服务发展水平、部门结构及其影响进行了比较研究，主要结论如下：

第一，我国各地区经济增长仍然以实物要素投入为主，生产性服务对国民经济的影响程度不高。各地区国民经济中间投入中，服务业投入所占的比重在 20% 左右，而实物投入比重则在 80% 左右。国民经济中间投入中，服务投入所占比重远低于 OECD 国家 44.59% 的平均水平，实物投入占中间投入的比重远高于 OECD 国家 55.41% 的平均水平。

第二，各地区交通运输及仓储业、批发和零售业、住宿和餐饮业等传统生产性服务对国民经济及各产业的服务投入率较高，而信息传输、计算机服务和软件业、综合研究与技术服务业等现代知识和技术密集型生产性服务对国民经济及各产业的服务投入率仍比较低，我国生产性服务有待进一步转型升级。

第三，近年来全国及各地区生产性服务占地区总产出的比重和服务业总产出的比重均有所下降，而实物投入率上升，导致这一变化一方面是由于交通运输及仓储业、批发和零售贸易业、住宿和餐饮业等传统生产性服务占地区总产出的比重下降，另一方面是由于近年来我国重工业化加剧。

第四，中西部地区生产性服务占地区总产出的比重较其他地区更高，东部省市（上海、北京和天津除外）国民经济及各产业服务投入率并没有显现出相较中西部地区省市区更高的特性。导致这一现象存在的原因固然与中西部地区交通运输及仓储业、批发和零售贸易业等传统生产性服务投入比重较高有关，但也同东部地区走国际代工的发展道路，被锁定在全球价值链的低端，现代知识和技术密集型生产性服务发展不足有关。

第五，各地区整体服务业的影响力系数和感应力系数均小于 1，服务业的增长不仅不能对国民经济产生应有的带动作用，而且其本身受其他部门需求拉动的作用也不大。同时，各地区交通运输及仓储业、住宿和餐饮业、住宿和餐饮业的影响力系数均大于 1，表明传统生产性服务对国民经济的推动影响力较大，而信息传输、计算机服务和软件业、综合研究和技术服务业等现代知识和技术密集型生产性服务对国民经济的推动影响力较小。

二、政策建议

根据本书研究结论，提出以下政策建议：第一，进一步完善中西部地区交通等基础设施建设，特别是加快省际交通和中心枢纽城市（如武汉、郑州、西安等地）的交通等基础设施建设，降低物流成本和交易成本，改变中西部地区交通运输及仓储业等生产性服务投入占总产出比重过高的格局；第二，进一步促进东部地区的国际代工转型升级，特别是向产业链的"微笑曲线"两端延伸，现代知识和技术密集型生产性服务发展，在全球价值链中获取有利地位，并以此带动中西部地区产业发展，构建国内价值链（刘志彪、张少军，2008）；

第三，进一步完善制度环境，特别是放松对服务市场的管制，改变金融保险、电信、邮政、电力、铁路、民航、港口、新闻出版、科研等领域行政垄断，建立宽松自由的市场环境。

参考文献

[1] 陈佳贵、黄群慧、钟宏武. 中国工业化进程报告：1995~2005年中国省域工业化水平评价与研究 [M]. 北京：中国社会科学出版社.

[2] 程大中. 中国生产性服务业的水平、结构及影响——基于投入产出法的国际比较研究 [J]. 经济研究，2008 (1).

[3] 邓于君. 第三产业内部结构演变趋势研究 [D]. 华南师范大学博士论文，2004.

[4] 格鲁伯、沃克.《服务业的增长：原因与影响》，北京：上海三联书店，1993.

[5] 李江帆、朱胜勇. "金砖四国"生产性服务业的水平、结构与影响——基于投入产出法的国际比较研究 [J]. 上海经济研究，2008 (9).

[6] 李善同、高传胜. 中国生产者服务业发展与制造业升级的关系研究 [M]. 上海：三联出版社，2008.

[7] 李强、薛天栋. 中国经济发展部门分析——兼新编可比价投入产出序列表 [M]. 北京：中国统计出版社，1998.

[8] 刘志彪、张少军. 中国地区差距及其纠偏：全球价值链和国内价值链的视角 [J]. 学术月刊，2008 (5).

[9] 江静、刘志彪. 全球化进程中的收益分配不均与我国产业升级 [J]. 经济理论与经济管理，2007 (7).

[10] Antonelli, C., "Localized Technological Change, New Information Technology and the Knowledge based Economy: The European Evidence", Journal of Evolutionary Economics, 1998, Vol. 8, pp. 177 – 198.

[11] Greenfield, H., Manpower and the Growth of Producer Services, New York: Columbia University Press. 1966.

[12] Khayum, M., "The Impact of Service Sector Growth on Intersectoral Linkages in the United States", Service Industries Journal, 1995, Vol. 15, No. 1, January, pp. 35 – 49.

[13] Marshall, J. N Services and Uneven Development 1988.

[14] Windrum, P. and Tomlinson, M., "Knowledge intensive Services and International Competitiveness: A Four Country Comparison", Technology Analysis and Strategic Management, 1999, Vol. 11, No. 3, pp. 391 – 408.

第七章 中国省域碳足迹及碳转移

全球气候变暖已成为全人类共同关注的重要话题，它已经并将继续对自然及社会经济系统产生重大影响。根据 IPCC 的测算，1880~2012 年，全球地表平均温度上升了 0.85℃；工业革命以来，表层海水 pH 值下降了 0.1；1992~2011 年，格陵兰和南极冰川大面积减少，其中 2002~2011 期间尤甚；1901~2010 年，海平面上升了 0.19 米。

减少 CO_2 排放从而遏制全球气候变暖迫在眉睫。"全球碳计划（Global Carbon Project）"发布的《全球碳预算 2014》研究显示，2013 年，全球 CO_2 排放主要来自中国（28%）、美国（14%）、欧盟（10%）以及印度（7%）。显然，经济的持续高速增长及工业化的快速推进已导致了中国 CO_2 排放量较快增长。在全球气候变化的背景下中国面临的资源环境的压力也越来越大，继续牺牲环境来换取经济增长不可行。但同时中国发展水平仍然很低，为保护环境而放弃经济社会的发展显然也不可取。因此，如何制定更加科学的减排政策，在实现 CO_2 减排目标的同时不阻碍经济发展，显得尤为重要。

然而，中国国土面积广阔，各省、自治区、直辖市（为方便描述，以下统称省）资源禀赋各异，发展阶段及产业结构也不尽相同，若不考虑各省的差异性，而统一采取相同的减排政策，显然无法获得较高的减排效率。具体观察碳排放特征发现，与国际贸易类似，省际贸易也存在隐含碳排放的问题，且有研究表明，1987~2007 年，中国省际贸易保持了高速增长，省际贸易依存度存在上升趋势，甚至几倍于国际贸易。可见，要实现科学减排，有必要根据各省的 CO_2 排放特征，如排放总量、排放结构、省际碳流动等，有针对性地制定减排政策。为此本章着眼于对中国各省碳足迹及碳转移的研究，并结合各省经济特征做简要分析。碳足迹是对一项活动直接以及间接引起的二氧化碳排放总量或一个产品的全生命周期所累积的二氧化碳排放总量的测度。将此概念拓展到区域范围，则指一个地区在一段时间内所消耗的产品或服务的全生命周期碳排放。区域间存在复杂的产业分工，因而一个地区的生产消费活动所引起的全部碳排放，不仅包含本地区辖区内的碳排放，也包含转移自其他地区的碳排放，不仅包含直接碳排放，也包含间接碳排放。只有综合考虑才能得到一个较为完全的碳排放测度指标。

多区域投入产出（Multi-Regional Input-Output，MRIO）模型是研究区域碳足迹及碳转移的有效方法。近年来，对于中国内部不同区域碳足迹的研究逐渐涌现。现有研究多集中在大的经济区层面：Qiao-Mei Liang（2007）运用多区域投入产出模型研究了 1997 年中国八个区域的能源需求以及 CO_2 排放问题，发现人口增长是导致能源需求及碳排放增长的驱动因素，它不仅影响本地区能源需求，也影响其他地区能源需求。Tian Xin（2014）利用多区域投入产出（MRIO）方法研究了中国区域碳足迹，发现因收入不同，2007 年各区域人均碳足迹差异显著，建筑业和服务业的碳足迹约占到区域碳足迹的 70%；从最终使用来看，56% 的碳足迹由投资活动引发，35% 由居民消费引发。Meng Bo（2013）运用投入产出方法研究了中国区域间碳溢出及国内供应链,揭示了CO_2在产品流动网络中如何产生和分配,结果显示,一个地区的碳排放量取决于其生产技术、能源效率以及在国内、全球供应链中的参与程度。Bin Su(2014)延伸了一般双边贸易隐含排放(EEBT)和多区域投入产出(MRIO)方法,将混合贸易隐含排放(HEET)方法与逐步分解分析方法(SWD)相结合,建立了区域排放模型,研究结果表明,中国国内经济发达的地区都是贸易隐含碳的净进口国,而落后地区则是贸易隐含碳净出口国。

也有一些研究聚焦于省域碳足迹,如石敏俊(2012)采用IRIO模型,研究了2007年中国各省区的碳足迹及碳排放空间转移问题,得出中国碳排放存在从能源富集区域、重化工基地分布区域向经济发达区域及产业结构不完整的欠发达区域的转移的结论。Feng Kuishuang(2014)利用多区域投入产出(MRIO)模型,基于消费者原则研究了2007年中国4个直辖市(北京、天津、上海、重庆)通过地区间供应链转移的碳排放,结果表明,重庆有48%、其他3市有高达70%的CO_2排放发生在其辖区范围以外。

与之前的研究不同的是,本文利用本书第二章编制的2007年区域扩展投入产出表研究中国省域碳足迹及省间碳转移问题,模型涵盖中国30个省、自治区、直辖市(不含西藏及港澳台),核算生产活动中由化石能源燃烧所产生的二氧化碳排放。另外需要说明的是,本书所核算的碳足迹及碳转移仅包含国内碳排放,不考虑进出口所隐含的碳排放。

第一节 研究方法及数据

一、研究方法

(一)多区域投入产出(MRIO)模型

本书采用行系数模型构建完整的区域间投入产出表,即假定 R 地区某部门对 S 地区任意部门有相同的投入比例,且这一比例为 R 地区输入 S 地区的该部门产品在 S 地区该部门产品总量中的占比。对于进口的处理也采用相同的假设。在计算进口系数和区域间贸易系数时假设:(1)省际调入用于出口,但不用于省际调出;(2)进口不用于出口,也不用于省际调出。

多区域投入产出方法的基本模型为:

$$AX + Fu + Ex = X \tag{7.1}$$

变形可得:

$$X = (I - A)^{-1}(Fu + Ex) \tag{7.2}$$

其中,A 为多区域投入产出模型的直接消耗系数矩阵,Fu 为最终使用矩阵,Ex 为出口矩阵,假设有 n 地区 m 部门,则:

$$A = \begin{bmatrix} A^{11} & A^{12} & \cdots & A^{1n} \\ A^{21} & A^{22} & \cdots & A^{2n} \\ \vdots & \vdots & \ddots & \vdots \\ A^{n1} & A^{n2} & \cdots & A^{nn} \end{bmatrix}, A^{rs} = \begin{bmatrix} a_{11}^{rs} & a_{12}^{rs} & \cdots & a_{1m}^{rs} \\ a_{21}^{rs} & a_{22}^{rs} & \cdots & a_{2m}^{rs} \\ \vdots & \vdots & \ddots & \vdots \\ a_{m1}^{rs} & a_{m1}^{rs} & \cdots & a_{mm}^{rs} \end{bmatrix}, a_{ij}^{rs} = \frac{z_{ij}^{rs}}{X_j^s} \quad (7.3)$$

其中，z_{ij}^{rs} 为 r 地区 i 部门调往 s 地区 j 部门的贸易值。

（二）区域碳排放

（1）碳足迹。

核算碳足迹需要用到完全碳强度，所谓"完全碳强度"是指一地区生产某产品的全生命周期碳排放强度，其计算方法为：

$$\begin{aligned} El &= (Ec)^T(I-A)^{-1} \\ &= (Ei \cdot Ef)^T(I-A)^{-1} \end{aligned} \quad (7.4)$$

其中，El 表示完全碳强度向量，Ec 表示直接碳强度列向量，Ei 表示能源强度矩阵，Ef 表示碳排放因子列向量。

如前文所述，本书所核算的碳足迹仅包含国内碳排放，不考虑进口隐含碳排放。则碳足迹的核算方法如下：

$$Ep = \widehat{El} \cdot Fu \quad (7.5)$$

其中，Ep 表示碳足迹矩阵，$\widehat{El}$ 为完全碳强度的对角矩阵。

（2）碳转移

碳的省际转移排放用以下公式核算：

$$Ep = \widehat{Ec}(I-A)^{-1}Fu \quad (7.6)$$

式（7.6）中，Ep 表示碳转移排放矩阵，其中也包含本地对本地的"转移"，$\widehat{Ec}$ 为直接碳强度的对角矩阵。

二、数据来源及部门划分

（一）CO_2 排放因子

CO_2 排放因子的选择以国家发展改革委员会发布的《省级温室气体排放清单编制指南》及《中国能源统计年鉴2008》为依据，"单位热值含碳率"和"碳氧化率"取自《省级温室气体排放清单编制指南》，"低位发热值"取自《中国能源统计年鉴（2008）》。

本书在研究中共选取了原煤、洗精煤、其他洗煤、煤制品、焦炭、焦炉煤气、其他煤气、原油、汽油、煤油、柴油、燃料油、液化石油气、炼厂干气、天然气、其他石油制品、其他焦化产品、其他燃料等18种化石能源及其制品。

（二）能源数据

本章利用的能源数据为2007年各省全部工业企业分行业排放者能源消费量。所谓"排放者能源消费量"是指一部门在其生产活动直接产生CO_2排放的能源消费。由于能源加工转换过程中产生的碳排放核算难度较大，本书假设除电力、热力生产以外的能源加工转换活动不产生碳排放。在此假设下，排放者能源消费量即为电力、热力生产和供应部门的全部能源消费量，以及其他部门的终端能源消费量。

能源数据主要来自各省2008年统计年鉴、《中国能源统计年鉴（2008）》及《中国经济普查年鉴（2008）》。由于各省统计年鉴的能源数据存在省份不完整、终端消费与全部消费不统一、规模以上与全部工业企业不统一、能源品种不统一的问题，这里利用《中国能源统计年鉴（2008）》及《中国经济普查年鉴（2008）》加以补充。具体处理方法如下：

（1）对于缺少数据的8个省份，对其2008年与2007年的产业结构、能耗强度、能源结构等进行对比，发现基本未发生大的改变，因此，以能源强度为桥梁，以2007年各省工业能源消费总量为控制，利用《中国经济普查年鉴（2008）》的能源数据进行推算补充。

（2）对于能源品种不完整的省份，采用与（1）类似的方法加以处理。

（3）由于统计工作中只调查规模以上工业企业数据，因此只能基于全部工业企业能源强度与规模以上工业企业相同的假设，利用规模以上数据推算全部工业企业能源消费数据。

（4）对于终端消费与全部消费不统一的问题，将能源平衡表中加工转换的能源消费量归集到相应加工部门。

为验证上述处理方法的准确性，本书对已有统计数据的省份和部门也进行了推算，并将推算结果与统计数据加以对比，结果显示误差均在可接受的范围内。

表7-1　　　　　　　　　　　　　能源数据来源

数据来源	统计时期及内容
各省统计年鉴（2008）	2007年；19省全部能源消费量（其中8省为规模以上工业企业消费数据），3省终端能源消费量（均为全部工业企业消费数据），缺少的省份为：河北、江苏、浙江、山东、广西、海南、四川、贵州8省；工业分行业能源消费量；能源品种不统一
中国能源统计年鉴（2008）	2007年；各省全部工业企业能源数据；终端能源消费量及加工转换消费量；工业未细分行业；能源品种统一
中国经济普查年鉴（2008）	2008年；各省规模以上工业企业能源数据；全部能源消费量；工业分行业能源消费量，能源品种统一

（三）部门划分

为使投入产出数据与能源数据的部门划分相匹配，本书将国民经济部门合并为29个，如表7-2所示。

表 7-2　　　　　　　　　　部门划分

代码	部门名称	代码	部门名称
01	农林牧渔业	16	通用、专用设备制造业
02	煤炭开采和洗选业	17	交通运输设备制造业
03	石油和天然气开采业	18	电气机械及器材制造业
04	金属矿采选业	19	通信设备、计算机及其他电子设备制造业
05	非金属矿及其他矿采选业	20	仪器仪表及文化、办公用机械制造业
06	食品制造及烟草加工业	21	工艺品及其他制造业
07	纺织业	22	废弃资源和废旧材料回收加工业
08	纺织服装鞋帽皮革羽绒及其制品业	23	电力、热力的生产和供应业
09	木材加工及家具制造业	24	燃气生产和供应业
10	造纸印刷及文教体育用品制造业	25	水的生产和供应业
11	石油加工、炼焦及核燃料加工业	26	建筑业
12	化学工业	27	交通运输、仓储和邮政业
13	非金属矿物制品业	28	批发、零售业和住宿、餐饮业
14	金属冶炼及压延加工业	29	其他服务业
15	金属制品业		

第二节　研究结果分析

一、中国省域碳足迹

(一) 中国省域碳足迹的核算

本书所核算的碳足迹仅包含国内碳排放，不考虑进口隐含碳排放。由图 7-1 可以看出，2007 年，各省碳足迹总量差异较大。其中，碳足迹总量最高的省份是山东省，达 48275.73 万吨，是碳足迹最低的海南省的 29.7 倍，且比排在第二位的浙江省高出 27.5%；其次是浙江、江苏、广东、河南、河北等省，均在 35000 万吨左右。这 6 个省份也是国内生产总值（GDP）位于前 6 位的省份，较大的经济规模使其碳足迹总量也较高。除上述省份之外，高于各省平均碳足迹（19857.43 万吨）的还有吉林、辽宁、山西、湖南、安徽、四川和湖北等省。碳足迹总量最低的省份是海南，这是因为海南省经济体量小（GDP 位居全国第 28 位），且工业所占的比重较低。另外，青海、宁夏、甘肃、贵州等经济规模小的省份碳足迹也较小。

值得关注的是吉林、山西二省，其经济规模较小，但碳足迹总量较大，这在一定程度是其综合碳排放强度较高的行业所占的比重较高有关。与之相反的是上海、福建、北京，这三个省市经济规模较大，但碳足迹总量较小。这几个省份服务业和综合碳排放强度较低的制造业所占比重较高。

与碳足迹总量相比，各省人均碳足迹的差异较小，且与总量的分布有较大不同。其中，最高的是天津市,达到 10.29 吨/人,其次是吉林、北京、内蒙古、宁夏、浙江等省,此外,在各省平均人均碳足迹以上的还有山西、上海、新疆、辽宁、山东以及河北。在上述省份中,一类是人民生活水平较高的省份,如天津、北京、浙江、上海等;另一类是生产过程碳排放强度较高的省份,如吉林、内蒙古、宁夏、山西等省。同时也可以发现,那些经济发展水平较低的省份,如贵州、云南、广西、四川、甘肃、海南等人均碳足迹也较低。

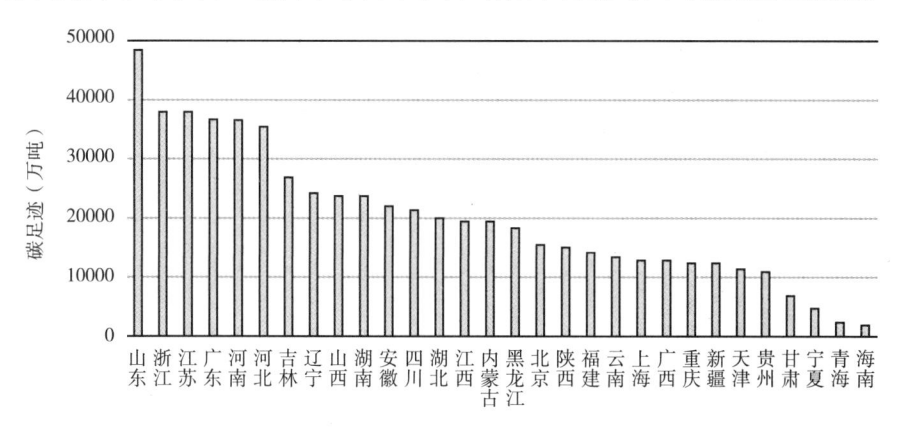

图 7 – 1 2007 年各省碳足迹

(二) 中国省域碳足迹的特征分析

(1) 碳足迹的地理特征。图 7 – 3 显示了中国人均碳足迹的空间分布,可以发现,人均碳足迹较高的省份主要分布在东北、华北以及华东地区,如吉林、北京、天津、山西、浙江等省份,而人均碳足迹较低的省份则主要分布在西南及华南地区,如四川、云南、贵州、广西等省份。总体来看,人均碳足迹在地理空间上呈现由北向南、由东向西逐级递减的特征。这一分布特征一方面与地理区位有关,东部沿海地区依靠区位优势发展外向型经济,经济发展水平较高,相应这些地区人均碳足迹相对也较高;另一方面也与资源禀赋有关,如华北、东北地区能源较为富集,相应的能源密集型产业所占比重较高,由此也带来人均碳足迹较高,山西、内蒙古等地就是这一典型。

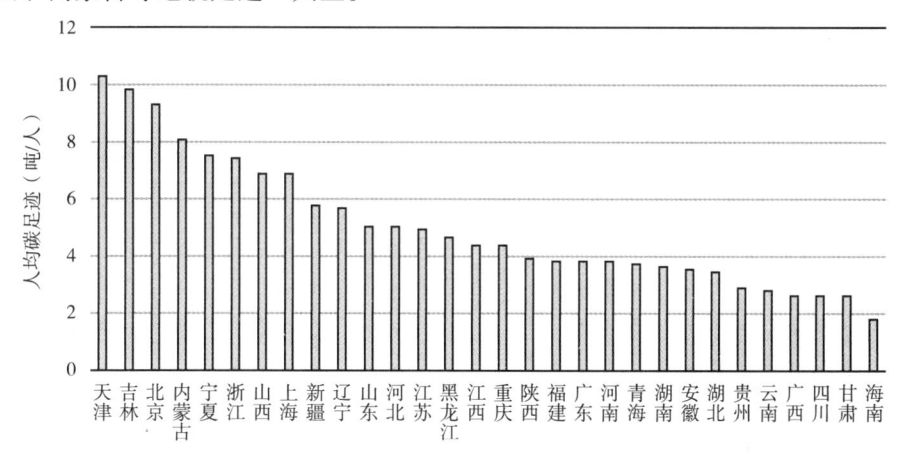

图 7 – 2 2007 年各省人均碳足迹

(2) 碳足迹的经济特征。将人均碳足迹与人均 GDP 进行对比分析可以发现一个较为明显的特征：人均 GDP 越高，人均碳足迹也越高。如图 7-3（图中原点的横、纵坐标值分别为人均 GDP 和人均碳足迹的均值）所示，大部分省份集中在第Ⅰ、第Ⅲ象限，如天津、北京、上海、浙江等 7 个省份，其人均 GDP 与人均碳足迹均处于较高水平，而海南、甘肃、云南、贵州等 16 个省份，两个指标均处于较低水平。少数省份分布在第Ⅱ、第Ⅳ象限，其中，福建、江苏、广东三省经济发展水平较高，而人均碳足迹较低，可见这三个省份在增加值的创造过程中所导致的全生产链碳排放量较低；与之相反，吉林、宁夏、山西、新疆四省经济发展水平不高，但人均碳足迹较高，这四个省份均多为能源资源分布较为密集的地区，其能源的利用方式仍较为粗放，导致了较高的产业链碳排放。

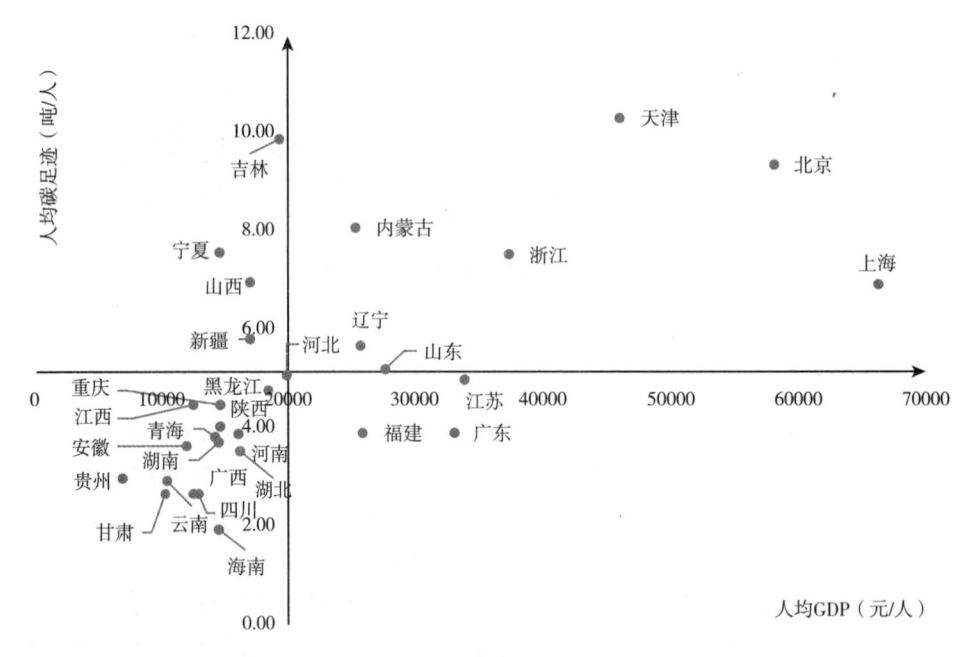

图 7-3　各省人均碳足迹与人均 GDP 的关系

(3) 碳足迹的部门特征。碳足迹在不同部门的分布也存在很大差异。为便于分析，这里首先将所有产业部门分为 8 大类，分别是农林牧渔业、采矿业、食品轻纺业、矿物加工业、设备制造及其他工业、电热水汽生产供应业、建筑业以及服务业。从表 7-3 中可以发现，建筑业的碳足迹在所有省份占比均比较高，其次是服务业和设备制造业，农业和采矿业的占比较低。建筑业碳足迹份额较高的原因来自两个方面：一方面是因为投资驱动的发展模式带来了大量的基础设施建设和房地产开发需求；另一方面是因为建筑业采用的中间投入品（如水泥、钢材等）多属于能源密集型产品。服务业的碳足迹占比较大主要源自于交通运输所消耗的燃料以及各服务部门所消耗的电力。总的来看，就碳足迹总量而言，越靠近产业链下游的部门，其碳足迹越高，如建筑业、设备制造业、服务业，而越靠近产业链上游的部门，其碳足迹越低，如农业和采矿业。

表 7-3 各省碳足迹的部门构成 单位:%

省份	农林牧渔业	采矿业	食品轻纺业	矿物加工业	设备制造及其他工业	电热水气生产供应业	建筑业	服务业
北京	1.30	0.80	6.31	7.13	7.31	4.94	41.11	31.09
天津	1.78	0.06	4.51	6.96	9.55	9.22	45.82	22.09
河北	0.49	1.15	5.88	8.64	15.72	9.28	37.09	21.76
山西	1.97	-0.39	3.73	28.53	12.79	9.28	29.30	14.80
内蒙古	1.02	0.48	4.61	6.02	10.80	9.45	44.49	23.12
辽宁	2.63	0.75	5.12	7.17	26.86	9.67	30.98	16.82
吉林	1.37	0.40	4.40	4.53	12.26	12.90	34.09	30.05
黑龙江	1.92	0.77	7.08	5.62	12.40	14.34	32.79	25.10
上海	7.78	0.42	4.60	6.52	13.44	8.83	33.21	25.21
江苏	2.18	0.22	6.23	13.08	23.76	7.93	27.49	19.10
浙江	1.90	0.02	5.60	5.03	20.93	9.54	41.65	15.32
安徽	2.36	0.36	5.82	7.34	14.94	6.94	42.92	19.31
福建	2.80	0.38	8.94	8.35	20.12	12.41	21.20	25.80
江西	2.49	3.45	5.84	6.37	7.24	27.72	32.34	14.55
山东	1.38	0.75	17.61	4.10	26.44	3.84	26.27	19.61
河南	2.17	0.74	6.13	9.03	36.70	9.08	19.51	16.64
湖北	5.27	0.11	15.63	6.13	17.31	6.20	30.49	18.86
湖南	2.34	0.83	7.67	9.47	13.38	6.94	38.87	20.51
广东	3.40	0.94	5.66	6.61	7.53	9.54	49.67	16.66
广西	2.83	-0.38	7.27	2.33	19.06	6.78	40.50	21.61
海南	5.24	0.08	5.84	11.57	7.97	0.32	45.67	23.29
重庆	3.75	0.57	7.35	5.63	13.00	8.30	42.13	19.28
四川	3.63	0.63	8.39	4.87	20.69	6.53	37.50	17.76
贵州	6.57	1.46	4.03	12.74	9.85	11.16	33.25	20.92
云南	7.49	-0.11	4.63	6.60	21.04	8.08	35.71	16.56
陕西	3.42	0.74	11.02	7.62	17.75	8.20	36.20	15.06
甘肃	7.27	0.18	9.29	6.28	4.07	9.79	39.86	23.26
青海	3.31	0.05	1.57	9.42	11.33	3.27	33.88	37.17
宁夏	2.60	0.80	4.09	7.95	19.73	13.48	31.77	19.57
新疆	2.55	0.87	6.66	7.52	9.09	9.26	38.33	25.73

二、中国省际碳转移

(一) 中国省际碳转移的测算

大规模的省际贸易意味着各省区之间存在较大的碳转移量。从碳流出的角度看,流出量最大的省份是河北省,达到了31115.31万吨,占本省碳排放总量(不包含出口隐含碳,下同)的69.9%,排在第二位的是山东省,碳流出量为27367.60万吨,占其碳排放总量的45.0%,内蒙古、河南、辽宁、江苏、山西等省,碳流出量也均在20000万吨左右。从碳流入的角度看,流入量较大的省份有浙江、河北、广东、江苏、吉林、河南、山东、安徽等地,均达到了 20000 万吨左右，碳流入量在该省碳足迹中的占比也较为显著，如图 7-4 所示。

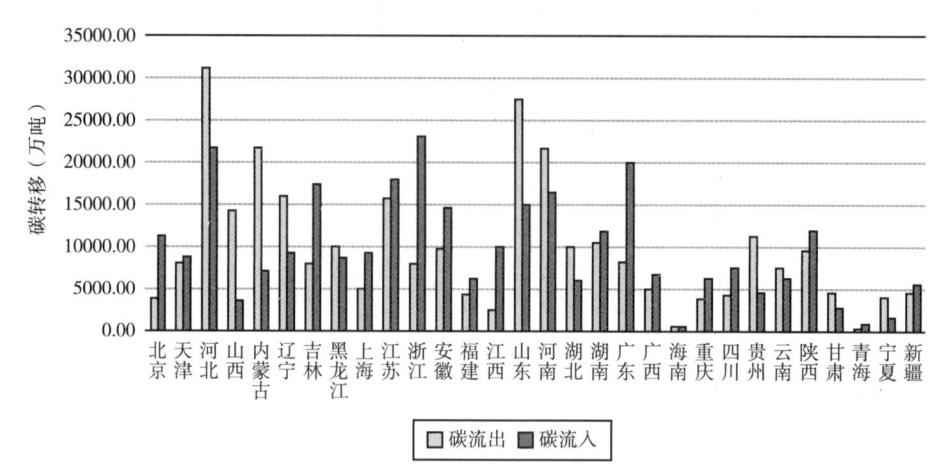

图 7-4　2007 年各省碳转移排放

比较典型的碳净流出省份有河北、山西、内蒙古、辽宁、山东、河南以及贵州等地，这些省份多为资源富集区域。其中，山西、内蒙古、辽宁三省的碳流出在碳排放总量中的占比远高于碳流入在碳足迹中的占比，这些省份的共同特征就是能源密集型产业（如发电、冶金、建材等）所占比重较高。典型的碳净流入省份有北京、吉林、上海、浙江、江西、广东等，其中多数为经济规模较大的省份，且资源较为贫瘠，往往通过调入能源密集型产品来间接满足自身对能源的综合需求。

表 7-4　各省碳转移比例

省份	碳流出/碳排放（%）	碳流入/碳足迹（%）	省份	碳流出/碳排放（%）	碳流入/碳足迹（%）
北京	48.3	74.0	河南	52.2	45.1
天津	74.7	76.5	湖北	41.8	30.2
河北	69.9	61.8	湖南	46.8	49.8
山西	41.6	15.0	广东	33.2	54.3
内蒙古	63.9	36.3	广西	46.2	53.2
辽宁	51.2	37.2	海南	30.6	29.9
吉林	45.2	64.3	重庆	36.4	48.8
黑龙江	52.0	48.3	四川	22.8	35.1
上海	59.8	73.4	贵州	63.2	42.0
江苏	44.0	47.3	云南	52.6	47.2
浙江	35.1	60.7	陕西	75.6	79.1
安徽	56.3	65.9	甘肃	52.9	40.9
福建	36.1	44.5	青海	22.0	35.2
江西	19.8	50.6	宁夏	59.0	38.6
山东	45.0	30.6	新疆	39.9	44.7

(二) 中国省际碳转移的特征分析

(1) 中国省际碳转移的地理特征。图7-5显示了各省之间的碳转移量，方块 ij 代表 i 地区向 j 地区的碳流动。行向表示各省的碳流出，可以看出碳流出省份主要集中在华北、东北及华东地区，如华北地区的河北、山西、内蒙古，东北的辽宁以及华东地区的江苏、山东等省，华中地区的河南省也是碳流出量比较高的地区；列向表示碳流入，能够反映各省碳足迹的构成，可以看出碳流入省份的分布范围更广，基本上除西部地区外均有较大的碳流入量，西北的陕西省碳流入量也比较大，这与其西北地区经济中心的地位有关。总体来看，碳转移的活跃区主要集中在东、中部地区，且呈现出由北往南、由内陆向沿海、由资源富集区域向经济发达区域转移的特征。

注：各省简称对照表见附录7-1。

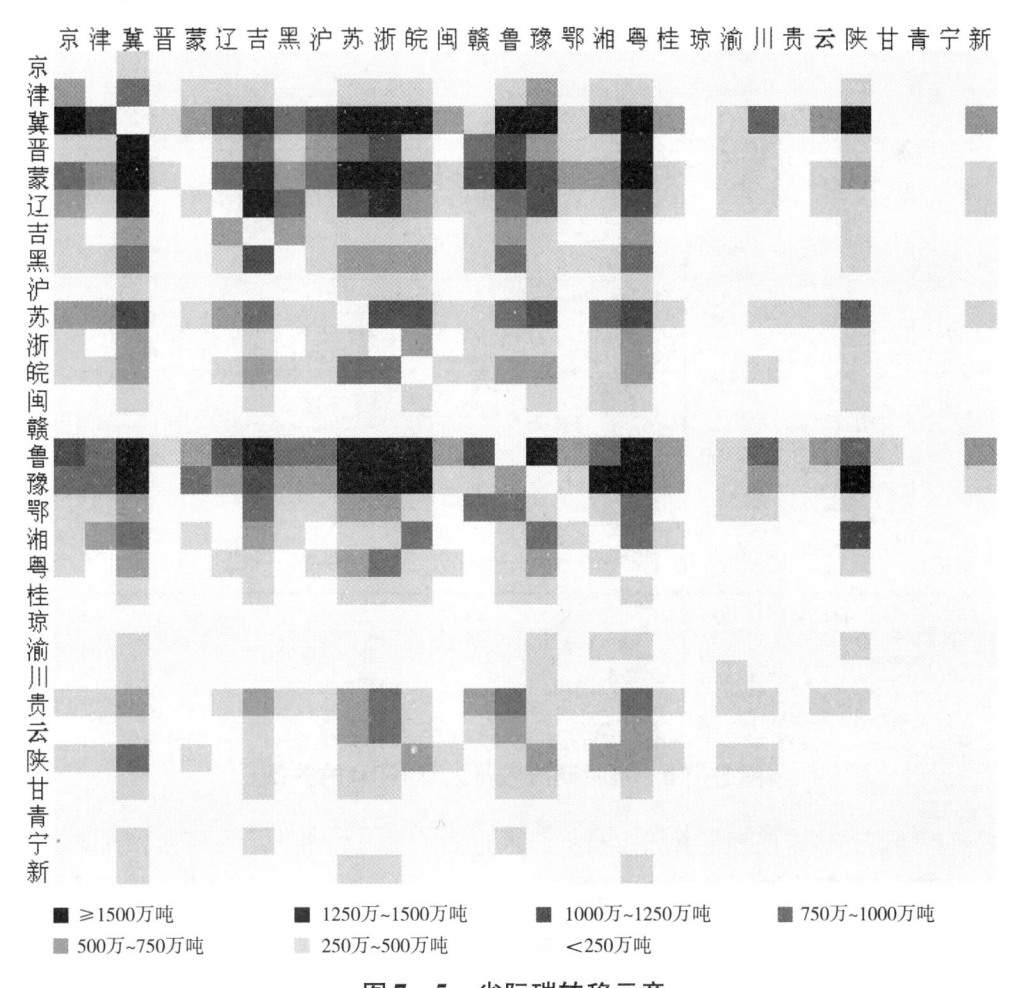

图7-5 省际碳转移示意

(2) 中国省际碳转移的经济特征。图7-6a、图7-6b中将碳转移量与人均GDP进行了对比，原点设置为各省碳转移量和人均GDP的平均值。可以发现，碳流出量比较大的省份经济发展多处于中等水平，如河北、河南、山西、山东、内蒙古、辽宁等省，其特征点均分布于横轴以上、纵轴两侧（图7-6a）；而经济发展水平较高的省份碳流出量则多位于平均量以下，如上海、北京、天津、浙江、广东等省。

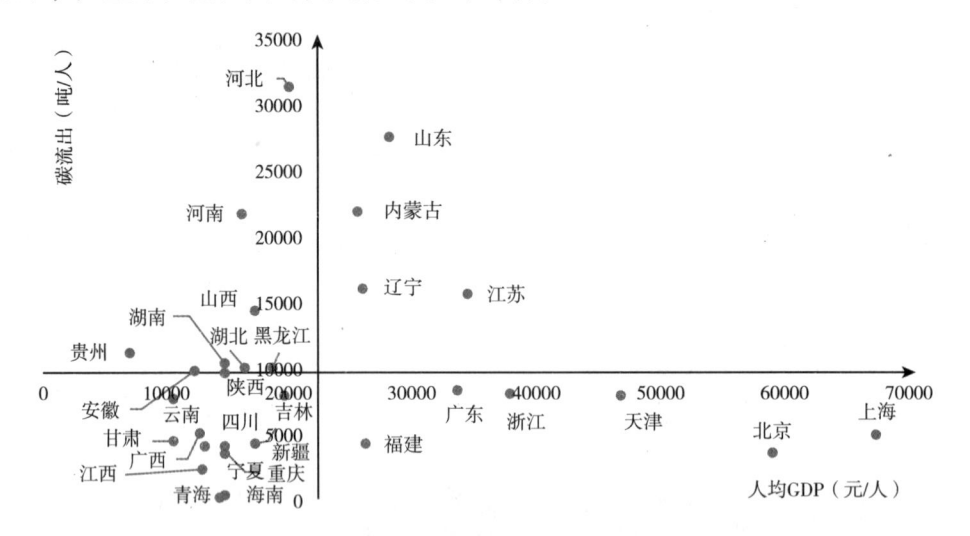

图7-6a 各省碳流出与人均GDP的关系

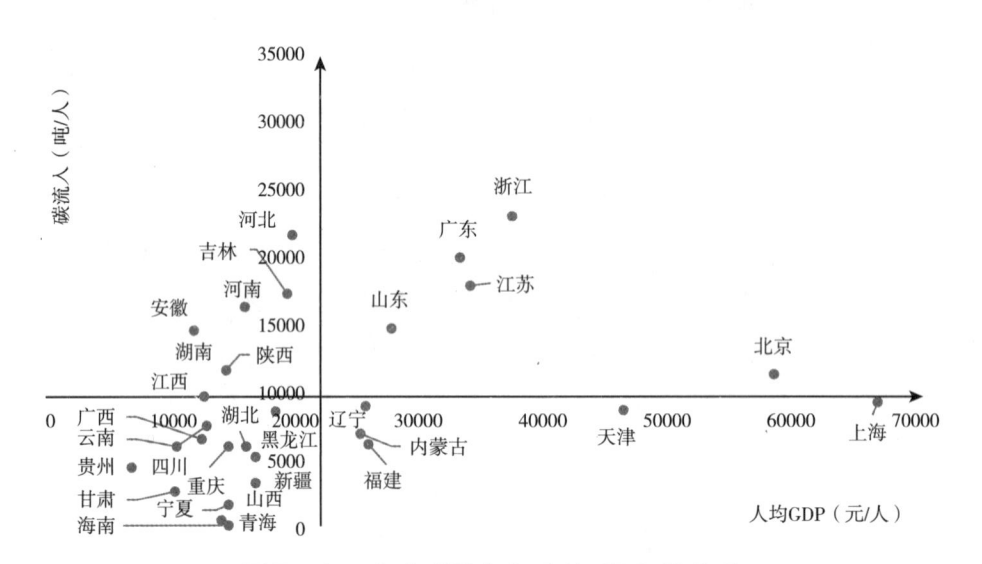

图7-6b 各省碳流入与人均GDP的关系

碳流入量与经济发展水平有比较明显的正相关关系，如图7-6b所示，北京、浙江、江苏、广东等经济发达省份的碳流入量都处于较高水平，上海、天津两市虽位于第Ⅳ象限，但其碳流入量均接近各省平均值，北京、浙江、广东三省市从图7-6a的第Ⅳ象限跃升至图7-6b的第Ⅰ象限，说明其经济发展引发了较多省外的碳排放；有10省市位于第Ⅲ象限，这些省份经济发展水平相对较低，碳流入量也不高，其中，贵州和山西从图7-6a的第Ⅱ象限落入了图7-6b的第Ⅲ象限，说明它们在生产中所排放的二氧化碳在较大程度上为其他省份的经济发展做出了贡献。

（3）中国省际碳转移的部门特征。进一步对省际碳转移的部门构成加以分析。表7-5

显示了各省各部门的碳流出构成，可以清楚地看到，各省碳流出主要集中在电热水气生产供应业和矿物加工业两大部门，这两大部门均为高耗能产业，且在产业链中处于上游；其他几个部门碳流出均比较低，这些部门的生产过程二氧化碳排放强度相对也较低。比较特殊的是上海和海南，其电热水气生产供应业的碳流出占比非常小，而交通运输、仓储和邮政业的占比较高，其中以上海尤为明显，这两个省份的产业结构中第三产业的占比均比较高，而本地电力产业的产量较小。从碳足迹的部门特征可以发现，碳转移多隐含在排放强度高、处于产业链上游的产品的贸易中，而吸收这一转移的为排放强度低的、位于产业链下游的部门。

表7-5 省际碳流出的部门构成 单位：%

省份	农业	采矿业	食品轻纺业	矿物加工业	设备制造及其他工业	电热水汽生产供应业	建筑业	交通运输、仓储和邮政业	其他服务业
北京	0.60	0.30	1.56	35.15	1.96	30.52	0.08	18.60	11.24
天津	0.35	2.16	1.08	47.42	0.99	37.51	1.73	4.87	3.88
河北	0.22	6.91	2.14	49.71	1.40	36.08	0.02	2.45	1.08
山西	0.26	5.67	0.11	19.28	0.40	70.42	0.03	3.28	0.55
内蒙古	0.87	3.23	1.00	16.77	0.03	73.04	0.01	3.97	1.07
辽宁	0.56	5.75	0.44	39.13	1.58	47.93	0.01	4.11	0.50
吉林	2.05	8.15	5.60	24.50	2.07	53.31	0.12	2.40	1.80
黑龙江	1.94	7.50	1.68	17.68	2.33	63.79	0.01	3.49	1.57
上海	0.12	0.00	1.76	47.17	2.02	9.64	0.28	32.25	6.75
江苏	0.53	1.95	1.45	31.23	1.51	58.73	1.17	3.27	0.15
浙江	1.14	0.30	3.98	19.28	2.19	66.33	0.03	5.56	1.06
安徽	0.93	9.37	1.16	30.32	0.71	53.15	0.01	3.60	0.76
福建	2.16	2.83	4.02	34.15	0.91	48.23	0.69	4.09	2.91
江西	1.99	5.66	4.14	45.52	0.47	36.37	0.07	4.76	1.01
山东	0.57	11.57	1.58	21.73	1.32	59.70	0.04	2.90	0.59
河南	0.62	7.82	3.35	37.54	1.37	45.63	0.46	2.69	0.52
湖北	1.05	2.99	1.81	20.01	0.86	66.42	0.05	5.70	1.10
湖南	2.38	6.05	3.10	45.78	1.77	31.65	2.36	4.39	2.53
广东	0.52	1.22	4.26	30.45	2.80	51.34	0.00	7.99	1.41
广西	0.93	0.64	5.19	38.97	0.21	44.77	0.09	7.56	1.65
海南	3.79	0.31	5.62	45.28	0.12	18.05	0.04	22.97	3.82
重庆	3.16	9.15	0.83	29.41	1.60	46.95	1.14	6.51	1.24

续表

省份	农业	采矿业	食品轻纺业	矿物加工业	设备制造及其他工业	电热水汽生产供应业	建筑业	交通运输、仓储和邮政业	其他服务业
四川	1.68	4.96	3.85	42.14	3.22	36.55	0.01	6.01	1.58
贵州	0.95	8.78	0.27	15.26	0.15	69.55	0.06	2.49	2.49
云南	0.99	4.23	1.11	30.21	0.19	56.53	0.01	6.10	0.63
陕西	0.54	5.48	0.90	26.92	0.90	52.58	1.04	6.60	5.04
甘肃	0.32	2.04	0.21	30.30	0.31	65.67	0.01	0.73	0.41
青海	0.46	18.46	0.38	32.76	0.31	41.45	0.02	3.96	2.20
宁夏	0.12	3.15	1.79	17.30	0.38	74.34	0.00	2.46	0.46
新疆	1.23	23.80	1.03	25.00	1.05	38.12	0.01	7.75	2.01

第三节 研究结论及政策建议

一、研究结论

本文运用 MRIO 模型，估算了 2007 年中国省际二氧化碳转移，并从地理特征、经济特征、部门特征等多个角度加以分析，得出以下结论：

（1）2007 年，中国人均碳足迹较高的省份主要分布在东北、华北以及华东地区，而人均碳足迹较低的省份则主要分布在西南及华南地区，在地理空间上呈现由北向南、由东向西逐级递减的特征。碳转移的活跃区主要集中在东、中部地区，且呈现出由北往南、由内陆向沿海、由资源富集区域向经济发达区域转移的特征。

（2）碳足迹与经济发展水平呈正相关关系，人均 GDP 越高，人均碳足迹也越高。与之相关，碳流出量比较大的省份经济发展多处于中等水平，而经济发展水平较高的省份碳流出量则多位于平均量以下；碳流入量与经济发展水平有比较明显的正相关关系，总体上呈现出由中等经济发展水平地区向经济发达地区转移的特征。

（3）建筑业的碳足迹在所有省份占比都比较高，其次是服务业和设备制造业，农业和采矿业的占比较低。总体来看，越靠近产业链下游的部门，其碳足迹越高，而越靠近产业链上游的部门，其碳足迹越低。碳流出主要集中在电热水气生产供应业和矿物加工业两大部门，碳转移多隐含在排放强度高、处于产业链上游的产品的贸易中，而吸收这一转移的为排放强度低的、位于产业链下游的部门。

二、政策建议

通过研究可以发现，中国省际碳排放转移量相当大，多数省份碳足迹的构成中由其他省份流入的比例很高，经济发达省份往往有较高的碳足迹，但自身生产活动直接产生的碳排放相对较少，经济水平中等及落后的省份碳足迹较低，但生产活动直接产生的碳排放却较高，后者为国民经济的发展承担了较多的环境压力。然而中国现行的省域碳排放总量控制仍按照生产者原则（谁生产谁负责）核定，如此一来，经济实力强、能够承受较多减排压力的省份并未承担与其能力及责任相符的减排任务，而经济实力相对较弱、经济发展水平不高的省份却承担了较高的减排任务，这种分配机制对于后者显然是不公平的。然而，转移排放的部分若完全由产品的最终消费者承担显然也不尽合理，因为碳流出省份从产品的生产贸易中获得了增加值。因此，转移排放部分的减排责任如何在贸易省份之间合理分配值得进一步讨论。

从宏观层面来看，考虑到中国省域碳转移排放有比较明显的区域性特征，将相互之间碳转移量比较大的省区形成一个减排联合体，联合体内部省份进行协同减排，也许是提高减排效率的一条有效途径。

从微观层面，企业是实际掌握技术的组织，在清洁发展机制中起着至关重要的作用。由于先进技术多由大型企业掌握，其在碳减排中的引导作用显得非常关键。《京都议定书》中所阐述的清洁发展机制（CDM, Clean Development Mechanism）也可以移植到国内省区之间：经济发展水平高、能源利用效率高的区域与经济发展水平较低、能源利用效率也较低的区域进行项目级合作，从而实现区域共同减排。在中国，大型国有企业可以作为清洁发展机制的先践者，通过企业层面的合作实现持续共同发展。另外，建立全国碳交易市场，也是合理控制碳排放增长的有效手段。

本章附录

各省简称对照表

代码	名称	代码	名称	代码	名称
京	北京	浙	浙江	琼	海南
津	天津	皖	安徽	渝	重庆
冀	河北	闽	福建	川	四川
晋	山西	赣	江西	贵	贵州
蒙	内蒙古	鲁	山东	云	云南
辽	辽宁	豫	河南	陕	陕西
吉	吉林	鄂	湖北	甘	甘肃
黑	黑龙江	湘	湖南	青	青海
沪	上海	粤	广东	宁	宁夏
苏	江苏	桂	广西	新	新疆

参考文献

[1] 张少军，李善同. 中国省际贸易的演变趋势、特征与展望：1987-2007 [J]. 财贸经济，2013，10：100-107.

[2] 石敏俊，王妍，张卓颖，等. 中国各省区碳足迹与碳排放空间转移 [J]. 地理学

报, 2012, 10.

[3] Wiedmann T, Minx J. A definition of 'carbon footprint' [J]. Ecological economics research trends, 2008, 1: 1-11.

[4] Liang Q M, Fan Y, Wei Y M. Multi-regional input-output model for regionalenergy requirements and CO_2 emissions in China [J]. Energy Policy, 2007, 35 (3): 1685-1700.

[5] Tian X, Chang M, Lin C, et al. China's carbon footprint: A regional perspective on the effect of transitions in consumption and production patterns [J]. Applied Energy, 2014, 123: 19-28.

[6] Meng B, Xue J, Feng K, et al. China's inter-regional spillover of carbon emissions and domestic supply chains [J]. Energy Policy, 2013, 61: 1305-1321.

[7] Bin Su, B. W. Ang. Input-output analysis of CO_2 emissions embodied in trade: A multi-region model for China [J]. Applied Energy, 2014, 114: 377-384.

[8] Feng KS, Hubacek K, Sun LX, et al. Consumption-based CO_2 accounting of China's megacities: The case of Beijing, Tianjin, Shanghai and Chongqing [J]. Ecological Indicators, 2014, 47: 26-31.

后　　记

我们的团队自20世纪90年代以来长期持续编制和研究中国多区域投入产出表。《2007年中国区域扩展投入产出表》已经是我们团队关于中国省级多区域投入产出表的第三本著作了。本书的撰写让我们有了更多的机会去思考中国多区域投入产出表的编制方法。这里介绍一些我们对中国多区域投入产出表编制方法的思考，希望能够抛砖引玉，让更多的读者和相关研究人员进一步深入思考这一问题。作为一个发展中国家，中国统计数据的质量常常备受争议，区域数据的质量更是热议的问题之一。这也使得多区域投入产出表的编制过程存在诸多的艰难选择，其中最主要的有两个问题：一是在"区域间投入产出表（IRIO）"与"多区域投入产出表（MRIO）"间做出选择。前者拥有更为详细的区域经济联系信息，即需要明确每一个区域每一种用途（各行业中间投入、居民消费、政府消费以及投资）的不同商品分别来自哪个区域；而后者只需要知道区域之间不同种类商品的贸易信息即可。由于数据信息的不足，编制后者就已经需要做很多的假设和估计，对于前者而言几乎是没有什么可以进一步利用的信息。因此我们在本书中编制的区域投入产出表更像是多区域投入产出表；二是在"自上而下"与"自下而上"之间做出选择。理论上讲，全国的数据应该与区域的数据能够完全吻合。但实际中由于统计制度、基础数据的缺失以及行政体制等原因，中国的国家数据和各省数据之间存在明显差异，有时甚至有冲突。投入产出表的数据也是如此。这就使得在编制多区域投入产出表时存在两种不同的选择。一种是"自上而下"，即以全国表作为控制数，各省原始投入产出表只是作为估计的起点，最终通过估计使得各省的表加总与全国完全一致；另一种是"自下而上"，即放弃全国表，直接利用各省的投入产出表编制区域之间自洽的多区域投入产出表[1]，最大限度的保留各省原始表的信息。通常很难简单评判两种方法孰优孰劣。通过对比分析，我们基于以下三点考虑选择了后者：第一，由于目前各省和全国的国民核算数据仍然存在较大差异，而这一差异是投入产出表不协调的根本原因。因此在核算数据协调问题不解决的条件下，直接利用全国投入产出表调整各省投入产出表无异于用"未知的不确定"替代

---

[1] 即所有区域的调入之和应与调出之和相等。

"已知的不确定",结果只是数字上的协调。第二,通常经济越发达的地区统计数据的质量越高,而这些发达的地区经济规模也较大,这意味着从经济规模的占比角度来看可以有更多的各省数据可信度较高,而采用"自上而下"的方法往往会同时破坏那些质量高的数据。第三,各省投入产出表与各省的其他数据吻合度更高,因此更大限度的保留各省原始表信息有利于开展更多的区域研究分析。

正是由于这些艰难的选择使得本书的编撰耗时较长。从开始编表工作至今已经历时四年之久。具体来说这项研究大体可以分为两部分:一是区域扩展投入产出表的编制。国家统计局的齐舒畅司长和陈杰处长提供了各省的投入产出表,使得整个编制过程有了很好的数据基础。国务院发展研究中心何建武副研究员、清华大学的李雪博士后、李富佳博士后、南京航空航天大学潘晨博士研究生、上海社科院徐赟博士先后参与表的编制工作。二是本书书稿的撰写。本书一方面介绍了我们编表的方法和结果;另一方面也围绕区域扩展投入产出表开展了相关研究。其中,第一章由齐舒畅、陈杰完成;第二章由李善同、何建武、潘晨和李雪完成;第三章由张少军、李雪完成;第四章由行伟波完成;第五章由何建武、吴三忙完成;第六章由吴三忙完成;第七章由潘晨完成。全书由我负责统稿,席艳玲、潘晨、李莉等负责协调、校稿及编辑等工作。

正是大家的共同努力才使得这本书能够在 2015 年岁末之际得以付梓。在此我既要感谢我们团队所有成员坚持不懈的努力,也要感谢编表和书稿撰写过程中为我们毫无保留地提出意见和建议的专家学者。另外,还需要感谢挪威合作项目对编表工作的支持、国务院发展研究中心对本书出版的资助以及经济科学出版社为本书出版提供的帮助 (广大读者如需本书相关数据可登录经济科学出版社官方网站:www.esp.com.cn)。

李善同

2015 年 12 月于北京